सुपर चाइल्ड

सुपर चाइल्ड

पेरेंटिंग की 52 श्रेष्ठ आदतें

(हर सप्ताह एक नई आदत डालें)

रोहित मेहरा (IRS)

प्रभात प्रकाशन

प्रकाशक

प्रभात प्रकाशन प्रा. लि.

4/19 आसफ अली रोड, नई दिल्ली-110002

फोन : 011-23289777 • हेल्पलाइन नं. : 7827007777

इ-मेल : prabhatbooks@gmail.com ❖ वेब ठिकाना : www.prabhatbooks.com

संस्करण

2025

अनुवाद

नितिन माथुर

पेपरबैक मूल्य

तीन सौ रुपए

मुद्रक

नरुला प्रिंटर्स, दिल्ली

———— ★ ————

SUPER CHILD

by Shri Rohit Mehra (IRS)

(Hindi translation of SUPER CHILD)

Published by **PRABHAT PRAKASHAN PVT. LTD.**

4/19 Asaf Ali Road, New Delhi-110002

ISBN 978-93-90378-66-1

₹ 300.00

उन सभी अभिभावकों को समर्पित,
जो अपने बच्चों को सबसे बेहतरीन देने का प्रयास कर
रहे हैं और बच्चों में सर्वश्रेष्ठ आदतें एवं
बेहतरीन मूल्य विकसित कर उनकी वास्तविक
क्षमताएँ सामने लाना चाहते हैं।

प्रस्तावना

सुकरात कहते हैं कि हम जो भी करते हैं, सोचते हैं या महसूस करते हैं, उनमें से 99 प्रतिशत हमारी आदतों के कारण है; बल्कि आधुनिक शोध भी यही बताते हैं कि हम जो कुछ भी करते हैं, उनमें से 45 प्रतिशत हमारी आदतों के कारण है। जैसी आदतें होती हैं, हम भी वैसे ही होते हैं। पहले हम आदतें बनाते हैं, फिर आदतें हमें बनाती हैं। अपने बच्चे के बाल्यकाल से ही शारीरिक, मानसिक व भावनात्मक व्यक्ति विकसित करने के लिए आदतें और भी अहम हो जाती हैं। अभिभावक अपने बच्चों के लिए सबसे बेहतरीन की कामना करते हैं। समय के साथ मुझे ज्ञात हुआ कि अभिभावक बच्चे से जितनी उपेक्षाएँ रखते हैं और उन उपेक्षाओं की पूर्ति के लिए उनमें जो आदतें विकसित करते हैं, उनमें काफी फर्क होता है। यह पुस्तक उसी फर्क को कम करने का प्रयास है।

इसके अलावा, मैंने यह भी पाया कि हमारी आधुनिक शिक्षा व्यवस्था में बच्चों को जो पढ़ाया जाता है और उनका जो वास्तविक जीवन है, उसमें भी काफी फर्क है। शिक्षा के दो उद्‌देश्य हैं—(अ) बच्चे को कमाई करने का कौशल सिखाना, (ब) बच्चे को जीवन जीना सिखाना। अकसर मजाक में कहा जाता है कि कक्षा में कमजोर बच्चों का जीवन में प्रदर्शन कक्षा में होशियार बच्चों के मुकाबले बेहतर होता है। हर शैक्षणिक विषय का एक उद्‌देश्य होता है। बच्चे भाषाएँ इसलिए सीखते हैं कि वे बेहतर संवादकर्ता बन सकें। वे विज्ञान सीखते हैं, जिससे वे कार्य-कारण के बीच सह-संबंधों

को देख सकें। वे इतिहास पढ़ते हैं, जिससे वे संस्कृति और पिछली गलतियों से सीख सकें आदि। अभिभावक प्रतिस्पर्धा, प्राप्त अंकों, ग्रेड और अच्छे कॅरियर पर ज्यादा केंद्रित होते हैं। निश्चित ही, औपचारिक शिक्षा का यह भाग भी उतना ही अहम है; लेकिन बहुत बार हमारी शिक्षा व्यवस्था सीखने के उद्देश्य और हमारी आधुनिक शिक्षा व्यवस्था में ग्रेड एवं स्कोर की ललक के बीच की कड़ी से अनजान रहती है। यह पुस्तक उसी खोई हुई कड़ी को जानने का प्रयास है।

बच्चों को विभिन्न साधनों एवं विषयों के बारे में सिखाने और स्पर्धात्मक जगत् के लिए तैयार करने के अलावा शिक्षा का एक और निश्चित उद्देश्य है। शिक्षा का यह उद्देश्य इतना स्पष्ट होने के बावजूद अकसर या तो इसे महत्त्व नहीं दिया जाता या अभिभावकों व शिक्षकों के मन-मस्तिष्क में जगह नहीं बना पाता। हम अभिभावक होने के कारण अपने बच्चों द्वारा अपने खुद के सपनों, इच्छाओं और आकांक्षाओं को पूरा करने का प्रयास करते हैं। आधुनिक शिक्षा व्यवस्था बच्चे को वह सिखाने का प्रयास करती है, जिसे समाज सामूहिक बुद्धिमत्ता के रूप में जानता है। हर बच्चा अपनी विशिष्टता के साथ जन्म लेता है। अनेक अभिभावक अपने जीवन को बच्चे के माध्यम से जीना चाहते हैं; लेकिन यह पुस्तक उन्हें बच्चे में वह विकसित करने में मदद करेगी, जो बच्चे के लिए सबसे बेहतर है। शिक्षा का उद्देश्य बच्चे को सिर्फ यह बताना नहीं है कि बतौर समाज हम क्या जानते हैं; बल्कि उस श्रेष्ठता को बाहर लाना है, जो वह बच्चा जानता है। शिक्षा का उद्देश्य अपने बच्चे की वास्तविक क्षमताओं को बाहर लाना है, जिसके लिए उन्हें बस, जीना सिखाना है। यह पुस्तक बतौर अभिभावक अपने बच्चे के वास्तविक उद्देश्य और संभावनाओं को तलाशने में मदद करेगी। अपने बच्चे की वास्तविक क्षमताओं को तलाश लेने के बाद यह पुस्तक आपको ऐसी सरल, लेकिन अत्यंत लाभकारी आदतें सिखाने में मदद करेगी, जिससे आपका बच्चा अपनी वास्तविक

क्षमताओं को प्रभावकारी व सरल तरीके से हासिल कर सके।

अपने बच्चे के व्यक्तित्व का संपूर्ण विकास कर सकें, जिसमें शारीरिक, मानसिक, भावनात्मक एवं आध्यात्मिक जैसे विविध पहलू शामिल हों और बच्चा इन्हें हासिल करने योग्य विशिष्ट व महत्त्वपूर्ण आदतें विकसित कर सके, इसके लिए मैंने यहाँ विस्तार सहित उन 52 प्रभावशाली आदतों के बारे में बताया है (जिन्हें विकसित करना है)। हर एक आदत का लाभ (वह आदत क्यों विकसित करनी चाहिए), इस आदत को विकसित करने का सबसे आसान तरीका (यह आदत कैसे डालें) क्या है? उदाहरण के लिए, सब मानते हैं कि बच्चे को रोज एक फल खाना चाहिए। हर अभिभावक अपने बच्चे को फल खाने के लिए कहता है। यहाँ तक की स्कूल के पाठ्यक्रम में भी फल खाने के लाभों से संबंधित एक पूरा अध्याय है; लेकिन भारत में रोजाना फल खानेवाले बच्चों का प्रतिशत 20 प्रतिशत से कम है। अतः यह पुस्तक उन्हें सिखाएगी कि वे फल खाने की आदत कैसे डालें, जिससे उन्हें जो सिखाया जाता है और जो जरूरी है, उसके बीच का फर्क खत्म हो।

यह पुस्तक ऐसे सवालों का जवाब देने का भी प्रयास करेगी, जैसे— ऐसी कौन सी आदतें विकसित करें, जिससे आपके बच्चे न केवल कुशल, बल्कि प्रभावशाली भी बन सकें? ऐसे कौन से कारक हैं, जिनसे आदतों को जीवन भर बनाए रखा जा सकता है? न केवल कि कौन-सी आदतें विकसित करें, बल्कि ये आदतें कैसे बनाई जाएँ और हर आदत का क्या लाभ है? आदतें बनाने का सबसे सरल और आसान रास्ता क्या है? बच्चे में आदतें विकसित करने में अभिभावकों के साथ-ही-साथ पारिवारिक माहौल की क्या भूमिका होती है? बच्चे की आदतें विकसित करने में अपने आप को शामिल कैसे करें? बच्चे का भाई या बहन भी हो तो बतौर भागीदारी दायित्व उनकी क्या भूमिका होती है? वे एक-दूसरे के साथ मिलकर काम करते हुए आदतें विकसित कर सकते हैं। बुरी आदतें

आरोपित करने से कैसे बचें? मैंने खुद अपने दो प्यारे बच्चों पर कुछ नई उत्पादक आदतों का प्रयोग किया है। मैं कहना चाहूँगा कि कोई भी आदत विकसित करने पर वे उसमें मुझसे एवं मेरी पत्नी से भी बेहतर हो जाते हैं। उनमें इन्हें सीखने और उपयोग करने की अद्‌भुत क्षमता है। हमें बस, सही प्रेरणा देनी है।

इसके अतिरिक्त, शोध बताते हैं कि बच्चे देखकर सीखने में माहिर होते हैं। वे वह नहीं करते, जो करने या न करने के लिए हम उनसे कहते हैं। वे वह करते हैं, जो वे अपने अभिभावकों को करते देखते हैं। वे हमारे व्यवहार, आदतों व मूल्यों को देखते हैं और उनकी नकल करते हैं। अत: हम बतौर अभिभावक उनके रोल-मॉडल हैं, क्योंकि हमारा उन पर काफी प्रभाव होता है। उनकी आदतें बनाने के दौरान हम निश्चित ही खुद अपने लिए भी कुछ आदतें बना लेते हैं।

हम अपने बच्चों के लिए सबसे बेहतरीन चाहते हैं। आप अपने बच्चे को 'सुपर चाइल्ड' (सर्वोत्तम संतान) बना सकते हैं! जी हाँ, आपने ठीक सुना! आदतें ही वह तरीका है, जिससे आप अपने बच्चे को सचमुच सुपर चाइल्ड बना सकते हैं। यह आदतों द्वारा सुपर चाइल्ड बनता है। हमारे बच्चों को अच्छी आदतों, कौशल और मूल्यों की आवश्यकता है, जिससे वे सुपर चाइल्ड के रूप में विकसित होकर अपनी वास्तविक क्षमताएँ प्रकट कर सकें। यह पुस्तक इसी विषय-वस्तु पर आधारित है। ऐसी 52 सरल आदतें हैं, जो वर्ष के 52 हफ्तों के समान हैं। बच्चा हर हफ्ते एक आदत विकसित कर सकता है और वर्ष का अंत होने तक उसमें वे सभी 52 आदतें होंगी, जो निश्चित ही उसे एक सुपर चाइल्ड बना देंगी।

इस पुस्तक के विभिन्न अध्याय व्यवहार, तौर-तरीकों, कौशल, आदतों और मूल्यों से मिलकर बने हैं, जो बच्चे में अवश्य होने चाहिए, जिससे वह जीवन में वह बन सके, जो वह बनना चाहता है। इन 52 आदतों में बच्चे के जीवन, स्वास्थ्य, साफ-सफाई, फिटनेस, शिक्षा, उसके

शौक और उद्देश्य, उसकी मान्यताएँ, उसके व्यक्तिगत एवं पारिवारिक मूल्य जैसे सभी पहलू शामिल हैं। इस पुस्तक को पढ़कर वह और उसके अभिभावक उसके शौक और जीवन उद्देश्य तथा वे इन 52 आदतों को अपनाकर इन्हें पाने में कैसे सफल हो सकते हैं, यह जानने में मदद मिलेगी।

नोट—यह पुस्तक लड़कियों के लिए भी उतनी ही उपयोगी है, जितनी लड़कों के लिए। साथ ही यहाँ 'बच्चा' शब्द एकवचन में उपयोग होने पर भी बच्चों को भी संदर्भित करता है।

आदतें क्या होती हैं और कैसे बनती हैं?

आदतें वे प्रक्रियाएँ, व्यवहार क्रियाएँ हैं, जिन्हें हम अनजाने में रोजाना दोहराए चले जाते हैं। यह मनुष्यों के कार्य करने के लिए आवश्यक हैं। अगर हम में आदतें न हों तो हमें छोटे-से-छोटे काम को भी बहुत सोच-समझकर करना होगा। उदाहरण के लिए, कल्पना कीजिए, अगर आपको रोजाना दाँत साफ करने, व्यायाम करने, नहाने, अपनी कार ड्राइव करने, अपना मोबाइल फोन इस्तेमाल करने आदि का कारण सोचने की जरूरत पड़े तो क्या हो? मानव मस्तिष्क पर हुए नवीनतम शोध के अनुसार, हमारे मस्तिष्क के दो भाग हैं—(अ) पहला भाग सक्रिय व चेतन है और यही वह स्थान है, जहाँ तर्क एवं कारण के आधार पर फैसले लिये जाते हैं। यह 'फैसले लेनेवाला मस्तिष्क' है। इसे हम अकसर 'चेतन मस्तिष्क' कहते हैं। (ब) दूसरा भाग पुराना और तुलनात्मक रूप से कम सक्रिय होता है। यह हमारी भावनाओं, स्मृतियों और 'पैटर्न पहचानने' का भंडार गृह होता है। इसे हम 'अवचेतन मस्तिष्क' कहते हैं। जब हम किसी चीज को बार-बार दोहराते हैं, वह क्रिया या व्यवहार एक पैटर्न के रूप में मस्तिष्क के अवचेतन हिस्से में दर्ज हो जाता है और यह 'बेसल गैंग्लिया' में स्टोर हो जाता है। यह 'बेसल गैंग्लिया' पैटर्नों का स्टोर हाउस है, जो उस वक्त बाहर आती हैं, जब कोई क्रिया इस व्यवहार को शुरू कर देती है—'बेसल गैंग्लिया' स्वतः ही बिना किसी 'सोचे-समझे फैसले' के बिना पैटर्न या व्यवहार को दोहराने में दिमाग की मदद करता है। जिस क्षण यह

पैटर्न पहचाननेवाला हिस्सा सक्रिय होता है, यह हमारे दिमाग को नियंत्रित कर लेता है। हम उसी तरह व्यवहार और कार्य करते हैं, जैसा दिमाग के इस हिस्से को आदेश मिलता है, जो युक्तिसंगतता, तर्क या प्रत्येक भावना की जगह ले लेता है। यह ऑटोमैटिक मोड में होता है। उदाहरण के लिए, जब धूम्रपान की आदत शुरू होती है तो दिमाग में इसकी ललक उठती है और व्यक्ति धूम्रपान के परिणामों को भूल जाता है। यहाँ तक कि डॉक्टर भी, जो आप लोगों से ज्यादा सिगरेट के हानिकारक परिणामों को जानते हैं, धूम्रपान की आदत का शिकार बन जाते हैं।

आदतें क्यों जरूरी हैं

आदतें इसलिए भी जरूरी हैं कि इससे दिमाग का समय और ऊर्जा बचते हैं। अन्यथा दिमाग को कार्य या व्यवहार में क्या और कैसे का फैसला लेने के लिए हर बार सोचना-विचारना पड़ेगा। आदतें दिमाग को अन्य क्षेत्रों पर केंद्रित होने में मदद करती हैं, जब वे स्वत: ही उनके क्षेत्र को सँभालने लगती हैं। वे दिमाग के लिए ऊर्जा बचाते हैं। दिमाग 'फैसला लेने' की प्रक्रिया में शामिल होने पर बहुत अधिक ऊर्जा लेता है। आदत आधारित गतिविधियाँ व्यक्ति के तात्कालिक मूड, मन:स्थिति और प्रेरणा के स्तर से मुक्त होती हैं। व्यक्ति में आदतों की कोई तय संख्या नहीं होती। इसलिए आदत आधारित गतिविधियाँ अनंत हो सकती हैं। मनुष्य उन्हीं आदतों का कुल-रूप है, जो उसमें हैं।

आदतें कैसे बनाएँ

आप अपनी आदतों के शिकार बनने की जगह खुद उनके रचनाकार हो सकते हैं। आदतें बनाने का आसान तरीका होता है, जिसे आदत-चक्र (हैबिट-लूप) कहते हैं। आदत बनाने के लिए तीन चीजें जरूरी हैं— शुरुआत, व्यवहार और पुरस्कार। उदाहरण के लिए, अलार्म बजता है और आप उठ जाते हैं। आपको चाय की ललक उठती है। आप चाय के स्वाद का आनंद लेते हैं और सक्रिय महसूस करते हैं। यह प्रक्रिया बार-बार

दोहराई जाती है, फिर चाहे आप उस पर ध्यान भी न करें। यह आदत–चक्र बन जाता है। जेम्स क्लीयर अपनी 'एटॉमिक हैबिट्स' में आदत बनाने के चार चरण बताते हैं। व्यवहार को आदत में बदलने के लिए यह व्यवहार स्पष्ट, आकर्षक, सरल और संतोषपूर्ण होना चाहिए। किसी बुरी आदत को रोकने के लिए उसे अप्रकट, अनाकर्षक, कठिन और असंतोषपूर्ण बनाना होगा। उदाहरण के लिए, अगर आप अपने शयनकक्ष में कोई फल रखें तो उसे खाने की आपकी संभावना 90 प्रतिशत तक बढ़ जाती है, बजाय इसके कि आप उठकर जाएँ, रसोई से फल लाएँ और उसे खाएँ। यह आदतों को सहज व स्पष्ट बनाने का आदर्श उदाहरण है।

आदत बनाने का एक और तरीका उनका क्रम बनाना है। अगर आपको फिलहाल कोई आदत है तो इस नई गतिविधि के क्रम में अपनी नई आदत बनाएँ। उदाहरण के लिए, मैंने ज्यादा पानी पीने की अपनी आदत का क्रम ऐसे बनाया कि—मैं सुबह अपने दफ्तर में कुरसी पर बैठने से पहले एक गिलास भर के पानी पीता हूँ। इस तरह मैंने पर्याप्त रूप से पानी पीने की अपनी आदत बनाई। किसी भी आदत को पक्का करने का सबसे अच्छा तरीका वांछित आदत के बन जाने पर खुद को पुरस्कार देना है। फेसबुक पर तभी जाएँ, जब आपने पुस्तक के दो पृष्ठ पढ़ लिये हों। यह पढ़ने की आदत बनाने में मददगार सबसे आसान तरीका है।

चलिए, अपने बच्चे को सुपर चाइल्ड बनाने की मुहिम में जुट जाएँ।

स्वीकृति

मैं इस मामले में खुशनसीब रहा कि अपने जुनून और इस जुनून को दूसरों की बेहतरी में कैसे उपयोग कर सकते हैं, यह पहचान सका। मैं अपने दादाजी स्व. श्री राम प्रकाश मेहरा का हमेशा ऋणी रहूँगा, जिन्होंने मुझे काफी प्रभावित किया और मुझे ऐसे मूल्य व संस्कार दिए, जिन्होंने मुझे वह बनाया, जो मैं आज हूँ। मैं अपने पिता श्री राजेश मेहरा एवं माँ श्रीमती परवीन का भी शुक्रगुजार हूँ, जिन्होंने मुझे हमेशा प्यार व स्नेह दिया। इस पुस्तक में बताई बहुत-सी आदतें मुझे उनकी परवरिश से ही मिली हैं।

मुझे अपनी पत्नी गीतांजलि से भी हमेशा सहयोग मिला, जिन्होंने पूरी यात्रा के दौरान मेरा साथ दिया। मैं उनका ऋणी हूँ कि उन्होंने न केवल घर सँभाला, बल्कि साथ ही 'पिता' के भी अनेक दायित्व बखूबी सँभाले, जिससे मैं अपने जुनून को ध्यान और समय दे सका। वे इतनी दयालु रहीं कि मेरा नजरिया स्वीकार कर लेती हैं। मेरे प्यारे बच्चे ध्रुव और उदय मेरे लिए आशीर्वाद के समान हैं। मैंने दैनिक अभ्यास से उनमें ये आदतें और मूल्य आत्मसात् करवाने का प्रयास किया है। हमारे परिवार में हर आदत के लिए स्कोर कार्ड और पुरस्कार तय किए गए हैं। मैं रोज सोते वक्त उन्हें इस पुस्तक का एक अध्याय पढ़कर सुनाता था। मैं अपनी जान से प्यारी सुंदरी का भी आभारी हूँ। मैं इतना खुशनसीब रहा कि मुझे जीवन में स्व. श्रीमती सुमित्रा देवी, स्व. श्रीमती उर्मिल पुरी, श्री एम.के. शर्मा, स्व. डॉ. गुरनाम सिंह, श्री संतोष तनेजा, श्री देवेंदर त्रिगुणा, श्री. बी.के. झा (आई.आर.एस),

श्री सावजीभाई और अन्य जैसे अनेक प्रेरक रहनुमा शिक्षक मिले, जिन्होंने मुझे अत्यधिक प्रभावित किया। मैं श्री डी.एस. चौधरी (आई.आर.एस), श्री राजीव नागपाल और श्री अरुण आनंदजी का विशेष रूप से शुक्रगुजार हूँ। मेरी पुस्तक मेरे दोस्तों—राजेश, रजत, राजू भाई, संजय, गौरव, सुशांत, मोहित, कैप्टन आर्या और अंशुल की निरंतर प्रेरणा के बिना कभी पूरी नहीं होती। जॉनी कपूर, आशु भाभी, पल्लवी और मैडम विलसन स्मृति का विशेष रूप से शुक्रिया। इंदर रावत, अमित व सरला का भी विशेष रूप से धन्यवाद। इस पुस्तक में व्यक्त विचार पूरी तरह से मेरे अपने हैं।

अनुक्रम

1

खाना ठीक से चबाने की आदत

किसी भी मनुष्य के लिए स्वास्थ्य उसकी सबसे बड़ी संपत्ति है। हम कहते हैं, स्वास्थ्य ही धन है। हमने यह भी कई बार सुना है कि स्वस्थ शरीर में ही स्वस्थ मन का निवास होता है। किसी भी स्वस्थ शरीर के लिए सबसे जरूरी कारक स्वस्थ और मजबूत पाचन-क्रिया है। अपनी पाचन-क्रिया को मजबूत बनाने का सबसे आसान, स्वस्थ और लाभप्रद आदत खाने को ठीक से चबाने का तरीका है। कुछ बच्चे अपना खाना एक ही झटके में निगल लेते हैं या अपना भोजन काम करते या टेलीविजन देखते हुए करते हैं। आयुर्वेद के अनुसार, खाना पचने की क्रिया पेट से नहीं, बल्कि मुँह से शुरू होती है। यह हमें प्रत्येक ग्रास को 32 बार चबाने की सलाह देता है। एक वयस्क के आमतौर पर इतने ही 32 दाँत होते हैं। जब हम खाना निगलते हैं तो हमारी पाचन-क्रिया इस भोजन को छोटे हिस्सों में बाँट देती है, जिससे आवश्यक पोषक तत्त्व शरीर में समाहित हो सकें। अगर खाने को 32 बार चबाया जाए तो सबसे कठोर आहार भी तरल बन जाता है, जिसे पचाना आसान होता है।

बच्चे तेजी से क्यों खाते हैं?

तेजी से खाना एक दिन की आदत का परिणाम नहीं है, बल्कि यह दीर्घावधिक, अकसर बचपन से सीखी, चीज है। इसके निम्न कारण हो सकते हैं—

- पुरानी आदत, जो बचपन से विकसित हुई हो, जिसका कारण

आमतौर पर माताओं के खिलाने की आदत होती है।

- खाना खाने के साथ कुछ और भी करते रहना; जैसे—पत्रिका पढ़ना, टी.वी. देखना या मोबाइल चलाना, चैटिंग करना, गेम खेलना आदि।
- जल्दी-जल्दी खाना, क्योंकि समय कम है, शायद स्कूल या कोचिंग क्लास जाना है या अभिभावक को दफ्तर जाने में देर हो रही हो।
- धीमे खाने से होनेवाले फायदों से अनजान हों।
- खाना खाते समय बाधा आना, जैसे—खाने के दौरान फोन आ जाए, किसी से विवाद हो जाए या एक बार खाना खाने से चूक जाएँ।
- मुँह संबंधी समस्याएँ, जैसे—दाँत में कीड़ा या दर्द।

खाना चबाकर खाने के फायदे

- विज्ञान के अनुसार, हमारे मुँह की लार में ऐसे एंजाइम होते हैं, जो खाने को तरल बना देते हैं और इससे इसे पचाना आसान हो जाता है, जिससे पाचन-क्रिया में सुधार होता है।
- चबाने से बच्चे को पूरा मन लगाकर खाने में मदद मिलती है। वह व्यंजन का पूरा स्वाद ले पाता है और उसे खाने में मौजूद सभी पोषण शोषित करने में मदद मिलती है।
- बच्चे कम खाते हैं। जब आप धीरे-धीरे खाते हैं तो आप कम, लेकिन पर्याप्त खाते हैं। हमारे पेट को दिमाग तक पेट भर जाने का सिग्नल भेजने में कुछ मिनट लग जाते हैं।
- इससे बच्चा मोटा नहीं होता और उसकी प्रतिरक्षा प्रणाली इतनी मजबूत रहती है कि उसका स्वास्थ्य बेहतर और जीवन लंबा होता है। यह दाँतों के लिए अच्छा व्यायाम भी है।

यह आदत कैसे डालें

- बचपन से ही, खाने को भलीभाँति चबाने को लेकर स्कूल और घर दोनों ही जगह बच्चे को जागरूक करें।
- छोटे से शुरुआत करें। पहला निवाला देकर उसको उसे 32 बार चबाने के लिए कहें। उसे पहले निवाले को भलीभाँति चबाने के बाद 'वाह' कहने को कहें। इससे उसे उपलब्धि का अहसास होगा। इस आदत को पाँच दिन दोहराने के बाद उसे हर बार खाते समय दूसरे निवाले को भी 32 बार चबाने के लिए कहें। इस तरह खाने के हर निवाले के साथ उसकी आदत पक्की होती जाएगी।
- बच्चे के भोजन करने से पहले उसे यह आदत याद करने को कहें। 32 बार चबाने की आदत को व्यक्त करने के लिए पहले तेज आवाज में और बाद में मन-ही-मन 32 तक गिनती गिनें। धीरे-धीरे (7 से 10 दिन में) तेज आवाज में गिनती करना कम हो जाएगा, क्योंकि तब तक यह आदत बन गई होगी।
- अगर बच्चे को अपना भोजन ठीक से चबाए बिना खाने की आदत पड़ गई हो तो उसे यह संकल्प करने को कहें कि औसतन 35 निवालोंवाले भोजन में वह कम-से-कम एक निवाला 32 बार अवश्य चबाएगा।
- यह अभिभावक का दायित्व है कि वह खाते समय सुखद वातावरण को प्रोत्साहन दे, जिससे हर निवाले को चबाना न केवल बच्चे, बल्कि परिवार के हर सदस्य के लिए आम बात हो जाए।

□

2

पर्याप्त पानी पीने के आदत

विज्ञान कहता है कि मानव शरीर का 71 प्रतिशत भाग पानी से बना है। इसलिए अपने शरीर को पानी की कमी से बचाने के लिए हमें नियमित रूप से पानी पीते रहना चाहिए। शोध आगे बताते हैं कि हमारे शरीर को नियमित अंतराल पर पानी की आवश्यकता होती है। पानी की कमी न होने देना बच्चे के स्वास्थ्य और शारीरिक विकास के लिए जरूरी है, क्योंकि बहुत से बच्चे दिन भर में पर्याप्त पानी नहीं पीते। यह आदत प्राथमिकता सूची में नहीं होती, फिर चाहे वे बच्चे हों या बड़े। नियमित अंतराल पर पानी पीते रहना इतना जरूरी है कि बहुत से स्कूलों ने **पानी की घंटी** बजाना आरंभ कर दिया है, जिससे बच्चों को पानी पीना याद रहे!

आदत

पर्याप्त पानी पीना इसलिए भी जरूरी है, जिससे शरीर में पानी की कमी न हो। दैनिक पानी पीने की मात्रा का कोई वैश्विक मानक नहीं है, फिर भी, ताजा शोध के अनुसार, न्यूनतम आवश्यक मात्रा प्रतिदिन 8 गिलास पानी पीना है।

लाभ

- बच्चे के शरीर में पानी की कमी नहीं होती।
- शरीर के जोड़ चिकने रहते हैं, लार और कफ बनता है तथा पूरे शरीर में ऑक्सीजन का प्रवाह होता रहता है। पानी शरीर

के तापमान को नियंत्रित करता है और रक्तचाप सही रखने में मदद करता है।

- शरीर के अंदरूनी अंगों को ठीक से कार्य करते रहने में मदद करता है।
- स्वास्थ्य सुधरता है और त्वचा को सुंदर बनाए रखता है।
- शरीर से अवांछित और व्यर्थ पदार्थों को बाहर निकालने में मदद करता है।
- नियमित अंतराल पर पर्याप्त पानी पीते रहने से दिन भर निरंतर ऊर्जा मिलती रहती है।

पानी कब और कैसे पीना चाहिए

आयुर्वेद के अनुसार, व्यक्ति को सुबह उठने के बाद रोज रात भर ताँबे के पात्र में रखा एक या दो गिलास पानी पीना चाहिए। बच्चा दिन भर में नियमित अंतराल पर पानी पीता रहे। पानी हमेशा बैठकर पीना चाहिए। खड़े होकर पानी पीने से आगे चलकर टाँगो के निचले जोड़ को नुकसान हो सकता है। पानी एक बार में गट-गट करके पीने की जगह घूँट भर-भरकर पीना चाहिए। ठंडे पानी की जगह गुनगुना पानी पीना चाहिए। खाना खाने के फौरन बाद पानी न पिएँ, क्योंकि इससे पाचक अग्नि मंद हो जाती है। पानी को हमेशा खाना खाने के 45 मिनट बाद पीना चाहिए। सोने से ठीक पहले बहुत कम पानी पीना चाहिए।

आदत कैसे बनाएँ

- पानी से भरी ताँबे की बोतल बच्चे के सिरहाने रखा करें। वह जैसे ही सोकर उठे, उसे उसमें से एक गिलास पानी पिलाएँ। इससे न केवल उसे ताजगी महसूस होगी, बल्कि उसका पेट भी साफ होगा।

- ताजे पानी का जग बच्चे की टेबल पर हमेशा रखा रहे। यह उसे पानी पीने के लिए प्रेरित करेगा।
- सोडा या कोल्ड ड्रिंक की जगह पानी या फलों का ताजा जूस पिएँ। शुरुआत में अगर बच्चे को सोडा आदि पेय पदार्थों की आदत हो तो दिन भर में उसे यह केवल तभी पीने दें, जब पहले वह एक गिलास ताजे फलों का रस पी चुका हो।
- उसके साथ स्कूल या खेलने जाते हुए पानी की बोतल अवश्य भेजें।

□

3

शरीर का पोस्चर सही रखने की आदत

क्या आप जानते हैं कि जब भी आप किसी व्यक्ति से मिलते हैं तो आपका ध्यान सबसे पहले उसके शारीरिक पोस्चर पर जाता है? शरीर के पोस्चर का प्रभाव इतना अधिक है कि इससे किसी भी बच्चे का व्यक्तित्व जाना जा सकता है। सही पोस्चर होना न केवल बच्चे के शारीरिक पहलू को परिभाषित करता है, बल्कि यह मानसिक व सामाजिक पहलू के आधार पर उसके व्यक्तित्व के बारे में भी बताता है। अधिकांश बच्चों को ढीले या झुककर या झुकी हुई स्थिति में खड़े होने की आदत होती है, जो अपने को सँभालने का गलत तरीका है। क्या आपने आज तक कोई मॉडल, खिलाड़ी या अभिनेता देखा है, जो ढीला या झुककर खड़ा होता हो? मेरा दावा है ऐसा कोई नहीं होगा। जरा किसी सैनिक को देखें! सैनिक का पोस्चर सही होता है, इसीलिए वह सक्रिय, स्मार्ट और आकर्षक लगता है। पोस्चर सबसे कम आँका जानेवाला पहलू है, जो बच्चे के पूर्ण स्वास्थ्य और कष्ट-रहित जीवन जीने के लिए महत्त्वपूर्ण है।

आदत

सही पोस्चर क्या होता है?

पोस्चर वह मुद्रा है, जिसमें हमारा शरीर खड़ा होता, बैठता या लेटता है। सही पोस्चर होने पर शरीर अपनी उचित तालमेल वाली स्वाभाविक स्थिति में रहता है। इसका अर्थ है कि कंधे पीछे खिंचे रहें, पीठ सीधी और गरदन ऊँची रहे।

लाभ

- बच्चा स्मार्ट, सक्रिय और आत्मविश्वासपूर्ण दिखाई देता है।
- बच्चे का शरीर लचीला, चपल और स्वस्थ रहता है।
- शोध के अनुसार, सही मुद्रा में सोने से बच्चे का कद बढ़ने में मदद मिलती है।
- दीर्घावधि में बच्चे के शरीर की हड्डियाँ व जोड़ों में चपलता रहती है।
- बच्चे को भावी मुद्रा संबंधी, जैसे—पीठ या गरदन में दर्द, ग्रीवा आदि से संबंधित समस्याओं से बचाया जा सकता है।

शारीरिक मुद्रा सही रखना

- अभिभावक अपना पोस्चर सही रखें, जिससे बच्चा आपको देखकर सीख सके।
- बच्चे की शारीरिक मुद्रा को सही रखने का सबसे अच्छा तरीका दीवार के साथ सिर और पीठ टिकाकर खड़े होना है। बच्चे से नहाने के फौरन बाद इसकी जाँच करने के लिए कहें, जिससे यह उसकी दिनचर्या का हिस्सा बन सके।
- उसे केवल अपने लिए ही नहीं, बल्कि अपने भाई-बहन या अन्य पारिवारिक सदस्यों के लिए भी जवाबदेह बनाएँ, जहाँ वह खड़े होने संबंधी युक्तियाँ बताए और उन्हें अपनी शारीरिक मुद्रा सही रखने में मार्गदर्शन करे।
- बच्चे को उसके पसंदीदा क्रिकेटर, अदाकार या सैनिक के पोस्चर का पालन करने को कहें।

□

4

स्वस्थ शौच आदतें

एक सबसे सरल, लेकिन महत्त्वपूर्ण आदतें, जो हर अभिभावक को अपने बच्चे को डलवानी चाहिए, वे हैं—स्वस्थ शौच आदतें तथा शौचालय का उचित ढंग से उपयोग करना। सही शौच आदतें बुनियादी मानव शरीर क्रिया और स्वस्थ जीवन जीने का कौशल है। यह उन सर्वाधिक महत्त्वपूर्ण स्वास्थ्य आदतों में से है, जिनका बच्चे के स्वास्थ्य पर दूरगामी प्रभाव पड़ता है। आयुर्वेद के अनुसार, 90 प्रतिशत बीमारियाँ पेट की खराबी से उत्पन्न होती हैं, जो सीधे अस्वास्थ्यकर शौच आदतों से संबंधित हैं। शौच आवश्यकता की अनदेखी करना बच्चे को दीर्घावधि में आँत व मूत्राशय संबंधी असामान्यताओं की ओर अग्रसर करता है। इसलिए बेहतर यही है कि स्वस्थ शौच आदतों को आरंभिक उम्र में ही आरंभ करें।

आदत

शौच आदतें पूरी तरह बच्चे पर निर्भर होती हैं। हर बच्चे की अपनी आवश्यकताएँ हैं। उन्हें शौच प्रशिक्षण देते हुए व्यक्ति को उन पर नजदीक से नजर रखनी चाहिए और उन पर व्यक्तिगत रूप से ध्यान दें। सरल भाषा में कहें तो सुबह सबसे पहला काम आँत और मूत्राशय को साफ करना है।

लाभ

- स्वस्थ पेट की पहली शर्त स्वस्थ शौच आदतें हैं, जो एक स्वस्थ और उद्यमी शरीर के लिए बुनियादी बात है।

- जीवन शक्ति, ताजगी और खुशहाल का दिन।
- बार-बार शौच जाने की आवश्यकता से मुक्ति।
- दीर्घावधिक स्वस्थ और रोग-मुक्त शरीर। बढ़ने के लिए बेहतरीन शरीर।
- व्यक्तिगत साफ-सफाई।
- अनेक रोगों से बचाव, जैसे मूत्राशय के रोग और यू.टी.आई. (मूत्र मार्ग संक्रमण), कब्ज एवं अन्य संबंधित बीमारियाँ।

शौच आदतें : क्या और कैसे

स्वस्थ शौच आदतों में शामिल हैं—

- बच्चे को शौच की आवश्यकता के वक्त सही ढंग से पॉट पर बैठना/खड़े होना सिखाएँ।
- बच्चे को इस जरूरत को सही समय पर पूरा करना सिखाएँ। बच्चे को मल या मूत्र प्रक्रिया को न रोकना सिखाएँ। बच्चे को सिखाएँ कि बिना तनाव लिये अपना पेट खाली कैसे करें!
- बच्चे को शौच को घर वापसी तक इसे रोके रखने की जगह स्कूल के शौचालय में जाने को कहें।
- बच्चे को शौच के बाद उचित ढंग से अंगों को धोना/पोंछना सिखाएँ। उसे हमेशा साफ रहना सिखाएँ।
- बच्चों को शौच के बाद शौचालय को सही ढंग से साफ करना और इस्तेमाल के बाद शौचालय को साफ छोड़ना सिखाएँ।
- शौच के बाद हाथ धोने का अभ्यास कराएँ।
- टॉयलेट पेपर को अलग लिफाफे में रखें और बाद में उसे कूड़ेदान में डाल दें।
- कुछ बच्चों को शौचालय से दैत्य/कीड़े निकलने की कल्पना से डर लगता है। इससे वे अनजान स्थानों पर शौच के लिए

जाने से डरते हैं। बच्चे को घर के अलावा अन्य स्थानों पर भी शौच के लिए जाना सिखाएँ।

- वे शौचालय में मोबाइल या अन्य गैजेट्स का उपयोग न करें।

□

5

स्वस्थ स्नानघर आदतें

बच्चों में, जो एक और बुनियादी आदत डालना जरूरी है, वह है स्वस्थ स्नानघर आदतें। यह एक स्वस्थ और रोग-मुक्त बच्चे के लिए आवश्यक है। ऐसी बहुत सी स्नानघर आदतें हैं, जिन्हें बच्चे उपयोग करते हैं; लेकिन मैं यहाँ उन कुछ स्नानघर आदतों के बारे में बताऊँगा, जो जरूरी होने पर भी अनदेखी रह जाती हैं।

आदत

स्नानघर आदतों में शरीर की सफाई की बुनियादी आदतें शामिल हैं, जो बच्चे के साफ और स्वस्थ शरीर के लिए आवश्यक हैं। इसमें सुबह दाँत साफ करना, जीभ साफ करना, चेहरे की मालिश करना, शरीर को उचित ढंग से पोंछना, इत्र व क्रीम लगाना और इस्तेमाल के बाद स्नानघर साफ करना आदि आदतें शामिल हैं।

स्वस्थ स्नानघर आदतों के लाभ

- बच्चे को साफ व स्वस्थ बनाती हैं।
- जहाँ तक स्नानघर के उपयोग की बात है, बच्चा आत्मनिर्भर और स्वतंत्र हो जाएगा।
- बच्चा और अधिक व्यवस्थित होना सीख सकेगा।

स्नानघर आदतें कैसे डलवाएँ

जीभ साफ करना : आयुर्वेद के अनुसार, सभी विषाक्त पदार्थ जीभ पर एकत्र हो जाते हैं। अतः बच्चे के समग्र स्वास्थ्य में दाँत साफ करने के साथ ही जीभ की सफाई भी उसके मुख के स्वास्थ्य के लिए बहुत जरूरी है। बच्चे को उसकी जीभ को जीभी से आगे से पीछे तक साफ करना सिखाएँ। वे इसके लिए टूथब्रश के पिछले हिस्से का भी उपयोग कर सकते हैं। इसे दाँत की सफाई के साथ ही करने की आदत डालें।

चेहरे की तेल मालिश : यह सबसे सरल, लेकिन अति महत्त्वपूर्ण आदत है, जो लंबे समय तक बच्चे के चेहरे की त्वचा को स्वस्थ रखती है। दाँत साफ करने के ठीक बाद बच्चा अपने चेहरे की नारियल के तेल या किसी भी अच्छी स्किन क्रीम से एक मिनट तक मालिश करे। अगर उसे तेल पसंद न हो तो उसे तेल हटाने के लिए बाद में नहाने के लिए कह सकते हैं।

स्नान करते समय सबसे पहले पैरों पर पानी डालें : आयुर्वेद के अनुसार, स्नान करते समय व्यक्ति को सबसे पहले अपने पैरों पर पानी डालना चाहिए, जिससे शरीर का आंतरिक चयापचय स्थिर हो जाए और इसके बाद पूरे शरीर पर पानी डालें। आधुनिक विज्ञान के अनुसार, इस छोटी सी आदत ने अनेक हृदयाघातों को रोका है।

शरीर को सही तरीके से पोंछें : शरीर के आसानी से न पहुँचे जानेवाले अंग, जैसे पीठ का ऊपरी व मध्य का हिस्सा, जाँघ का अंदरूनी भाग, बगलें आदि समेत पूरे शरीर को अच्छी तरह से पोंछें, जिससे शरीर उचित ढंग से सूख जाए।

इस्तेमाल के बाद स्नानघर साफ करें : इस्तेमाल के बाद स्नानघर साफ करने की आदत स्नानघर की स्वच्छता कायम रखने में मददगार है। इससे आपके बाद स्नानघर का इस्तेमाल करनेवाला गीली जमीन पर फिसलेगा नहीं और साधारण स्वच्छता बनाए रखने में मदद मिलेगी।

इत्र व क्रीम : इन दोनों चीजों को स्नानघर के सामान का हिस्सा

बनाएँ, जिससे बच्चे नहाने के तुरंत बाद इनका इस्तेमाल कर सकें।

यात्रा बाथरूम किट तैयार करें : बच्चे को यात्रा-बाथरूम किट तैयार करने को कहें, जिससे उसे इसके इस्तेमाल की आदत पड़ सके। उसमें उसका साबुन, क्रीम, ब्रश और अन्य प्रसाधन सामग्रियाँ शामिल होनी चाहिए।

□

6

शरीर की रोज तेल-मालिश की आदत

लंबे समय के लिए एक बेहद आसान और स्वास्थ्यकर आदत शरीर की तेल-मालिश करना है। नए जनमे शिशु के एक माह का होने के बाद उसकी माँ बच्चे के शरीर को पुष्ट बनाने के लिए नरम हाथों से उसकी तेल-मालिश करती है। आयुर्वेद के अनुसार, हमें अपने शरीर की रोज मालिश करनी चाहिए। यह इतना आसान है कि इस आदत के लिए पाँच मिनट से भी कम समय लगता है। शरीर की तेल-मालिश के अनेक लाभ हैं, जिनमें से बहुत से लाभ केवल शारीरिक स्वास्थ्य तक ही सीमित नहीं हैं, बल्कि बच्चे के मानसिक स्वास्थ्य और संपूर्ण जीवन-शक्ति एवं तंदुरुस्ती के लिए भी लाभकारी हैं।

आदत

शरीर की तेल-मालिश के दो पहलू हैं—

अ. शरीर की तेल-मालिश करना,

ब. चेहरे पर क्रीम या मॉइस्चराइजर लगाना।

लाभ

- रक्त-संचार सुधारने के साथ ही मालिश आंतरिक अंगों को उद्दीप्त करती है। यह बच्चे की हड्डियाँ भी मजबूत बनाती है।
- आँखों की रोशनी में सुधार होता है तथा त्वचा साफ व मुलायम होती है।

- शरीर के अपक्षय के पुनर्निर्माण में मदद मिलती है।
- घर्षण और रोग का प्रतिरोध बढ़ता है।
- बच्चे को राहत मिलती है और थकान दूर होती है। इससे नींद अधिक गहरी और बेहतर होती है।
- उम्र बढ़ने का प्रभाव धीमा होता है। शारीरिक जीवन-शक्ति के साथ-साथ ही आयु भी बढ़ती है।
- चेहरे पर क्रीम लगाने से चेहरे की त्वचा पोषित होती है। धूप से चेहरे की त्वचा का बचाव होता है तथा त्वचा में नमी रहती है। यह त्वचा की उम्र बढ़ने को धीमा करता है और त्वचा को झुर्रियों व लटकने से भी बचाता है।

तेल व क्रीम के प्रकार

बाजार में कई तरह के उत्पाद हैं। ताजा वैज्ञानिक प्रमाण बताते हैं कि नारियल का तेल शरीर व चेहरे दोनों की मालिश के लिए सबसे अच्छा विकल्प है। इस्तेमाल से पहले क्रीम पर दी गई उत्पादक सामग्री के बारे में पढ़ लें। सनस्क्रीन गरमियों में कारगर रहती है तथा अधिक क्रीमवाला मॉइस्चराइजर सर्दियों में सहायक होता है। एक और तरीका उम्र-आधारित क्रीम का इस्तेमाल करना होता है, बजाय इसके कि पूरा परिवार एक ही तरह की क्रीम या मॉइस्चराइजर का प्रयोग करे। गोरा बनाने और एंटी-टैनिंग क्रीम का उपयोग किशोर व बड़ी उम्र के लोग कर सकते हैं, लेकिन इन्हें बच्चों पर इस्तेमाल न करें। यह उनकी नरम त्वचा के लिए नुकसानदेह हो सकती हैं।

तेल-मालिश कब व कैसे करें

आयुर्वेद के अनुसार, हमें शरीर की तेल-मालिश सुबह स्नान करने से पहले करनी चाहिए। उनके अनुसार, हमें सिर व शरीर की मालिश गरम तेल से करनी चाहिए। रोजाना नरम हाथों से खोपड़ी की मालिश करने से शांति

मिलती है और साथ-ही-साथ यह सिरदर्द, गंजापन, बाल सफेद होने और आगे के बाल कम होने से बचाता है। यह इसे बाँहों और टाँगों की लंबी हड्डियों पर आगे-पीछे लंबाई में मलते हुए इस्तेमाल करने को कहता है; जबकि जोड़, हृदय और पेट पर गोल घुमाते हुए मलने को कहता है। अंत में, पैरों के तलवों की मालिश करें। सोने से पहले शरीर की मालिश करने से नींद गहरी आती है और त्वचा नरम होती है।

एक और बात, बच्चे के स्नान करने के पश्चात् उसे उसके चेहरे व गरदन, कुहनी और बाँहों जैसी खुली त्वचावाले स्थानों पर क्रीम या मॉइस्चराइजर लगाने दें। क्रीम को पैरों पर भी लगाया जा सकता है। नरम हाथों से क्रीम लगाने का सबसे अच्छा समय सुबह या शाम को नहाने के बाद का होता है।

हर पखवाड़े बच्चों को खोपड़ी व शरीर पर तेल लगाकर धूप सेंकने के लिए कहें। सर्दियों में यह कार्य हर सप्ताहांत में किया जा सकता है।

□

7

रोज व्यायाम की आदत

हम अपने शरीर की देख-रेख करते हैं, क्योंकि यही स्थान हमारा आश्रय-स्थल है। जैसा कि प्राचीन भारतीय ग्रंथों में कहा गया है और जिसे विश्व स्वास्थ्य संगठन ने भी स्वीकार किया है, स्वास्थ्य का अर्थ केवल रोग की अनुपस्थिति नहीं है, बल्कि यह देह और मन दोनों की शक्ति, बल व आनंद है। बच्चे के स्वास्थ्य के दो घटक हैं, भोजन और शारीरिक गतिविधियाँ। फेसबुक, ट्विटर, स्नैपचैट, इंस्टाग्राम, नेटफ्लिक्स जैसा डिजिटल जगत् गतिहीन जीवन-शैली को बढ़ावा देकर उनकी शारीरिक गतिविधियों और क्रियाओं को सीमित करता है। विडंबना है कि इस पीढ़ी के बच्चे अपनी पिछली पीढ़ी के बच्चों से शारीरिक रूप से बहुत कम सक्रिय हैं। व्यायाम भी पढ़ाई-लिखाई जितना ही जरूरी है। आपके बच्चे का स्वास्थ्य उसके ग्रेड्स से कहीं ज्यादा महत्त्वपूर्ण है। हमें बतौर अभिभावक बच्चों को नृत्य करने, साइकिल चलाने, खेलने, तैराकी, प्रकृति की सैर, योग या टहलने जैसी शारीरिक गतिविधियों की आदत डलवानी होगी।

व्यायाम की आदत

व्यायाम ऐसी शारीरिक क्रिया है, जिसमें शरीर गति करता है। यह ऐसी क्रिया है, जो शारीरिक फिटनेस व संपूर्ण स्वास्थ्य तथा देहावस्था को बेहतर बनाता है।

लाभ

- बच्चे को स्वस्थ, फिट, चुस्त और मुस्तैद बनाता है।
- बच्चे की लंबाई बढ़ती है, जो आमतौर पर बहुत से अभिभावकों की चिंता का विषय रहता है।
- बच्चे की रोग प्रतिरक्षा शक्ति बढ़ती है, साथ ही बच्चे का रोगों से भी बचाव होता है।
- आपके बच्चे की दिनचर्या में ऐसी शारीरिक गतिविधि जुड़ जाती है, जो उसके जीवनपर्यंत फिटनेस व अच्छे स्वास्थ्य का आधार बनती है।
- इससे उसका दिमाग केंद्रित और तेज होता है। केवल स्वस्थ शरीर में ही स्वस्थ मन का निवास होता है। अगर बच्चे का शरीर स्वच्छ रहेगा तो उसका मन भी स्वस्थ रहेगा।
- बच्चे को विभिन्न शारीरिक गतिविधियों से परिचित करवाने से उसकी उनमें से किसी गतिविधि, जैसे खेल में कॅरियर बनाने की दिलचस्पी जाग सकती है।
- बच्चे की उम्र बढ़ाने में मदद मिलती है। शोध बताते हैं कि व्यायाम करनेवाले लंबी उम्र तक जीवित रहते हैं और उनके बीमार होने की संभावना भी कम होती है।
- अगर बच्चा व्यायाम न करे तो वह शरीर से सुस्त हो जाता है। उसे लगने लगता है कि वह बीमार है और उसमें कुछ भी करने की ऊर्जा नहीं है।
- यह सोफे पर बैठकर टी.वी. देखते रहनेवाले आलसियों का रामबाण इलाज है।

शारीरिक गतिविधि की आदत विकसित करना

- शोध बताते हैं कि बच्चों को रोजाना कम-से-कम 60 मिनट व्यायाम करना चाहिए, जो उनके दिन के 24 घंटे के समय में से केवल 4 प्रतिशत है।
- इसे बच्चे के जीवन का हिस्सा बनाने का सबसे आसान तरीका उसे खेल, नृत्य, योग, प्रकृति जैसी विभिन्न शारीरिक गतिविधियों से जोड़ना है। बच्चे को स्कूल में किसी-न-किसी खेल से जुड़ने के लिए प्रेरित करें।
- बच्चे को विभिन्न कॅरियर विकल्पों से परिचित करवाते हुए खेलों को कॅरियर अवसर के तौर पर चुनने की अनदेखी न करें। कई बार खेलों में कॅरियर अकादमिक कॅरियर से ज्यादा अच्छा साबित होता है। जरा कुछ उदाहरण देखिए, जैसे—रोनाल्डो, विराट कोहली तथा अन्य खिलाड़ी, जो अपने खेल के कॅरियर में बाकी किसी भी व्यक्ति से ज्यादा सफल हैं।
- एक अन्य तरीका बच्चे को उन छोटे-मोटे घरेलू कामों में साथ जोड़ना है, जिसमें कुछ शारीरिक गतिविधियाँ हों; जैसे—साफ-सफाई, किराने का सामान लाना, उसे सुबह सबसे पहले अपना बिस्तर साफ करने को कहें आदि। बच्चे को बागबानी या अन्य शारीरिक गतिविधियोंवाले ऐसे ही छोटे-छोटे कामों में शामिल करें।
- उनसे व्यायाम करवाने का एक और तरीका उनके पसंदीदा शौक के साथ जोड़कर व्यायाम का नियमित कार्यक्रम बनाना है। उदाहरण के लिए, टी.वी. पर अपना पसंदीदा कार्यक्रम देखने से पहले बच्चे को 10 सिटअप करने को कहें।
- व्यायाम को अपनी पारिवारिक आदत और पारिवारिक मूल्य बनाएँ। पूरा परिवार सप्ताह में कम-से-कम एक घंटा एक

साथ किसी भी शारीरिक गतिविधि में बिताए। सप्ताह में एक बार बिना मोबाइल परिवार के साथ टहलने जाएँ। इसके अलावा, वर्ष में कभी-कभार पारिवारिक सैर-सपाटा या ट्रैकिंग का आयोजन भी किया जा सकता है।

- अगर आपके अपार्टमेंट में लिफ्ट है तो भी दिन में कम-से-कम एक बार बच्चे को लिफ्ट की जगह सीढ़ियों का उपयोग करने को कहें। अगर वह रोज 200 सीढ़ियाँ भी चढ़ता है तो साल भर में वह 73,000 कदम चढ़ा है, जो 56 किलोमीटर के बराबर है।
- आजकल अधिकांश मोबाइलों का हेल्थ-वॉच के रूप में उपयोग किया जा सकता है, जो बुनियादी मापदंडों का ध्यान रखते हैं, जिनमें कदम गिनना और कैलोरी बर्न शामिल हैं। फिटनेस डाटा का उपयोग करें और स्वस्थ प्रतिस्पर्धा के लिए आप रोज कितना कदम चले हैं, इसे बच्चे के साथ साझा करें।
- शरीर के लिए सबसे अच्छा व्यायाम सूर्य नमस्कार है, जो अपने आप में संपूर्ण व्यायाम है। अपने बच्चे से रोजाना पाँच सूर्य नमस्कार करवाएँ, जिसमें केवल 3 मिनट लगते हैं।

□

8

बहुरंगी भोजन करने की आदत

स्वास्थ्य हमें मिली सबसे बड़ी नेमत है। हमारे बढ़ते बच्चों के लिए तो यह और भी महत्त्वपूर्ण है। अभिभावक होने का एक बुनियादी उद्देश्य बच्चे की स्वस्थ और रोग-मुक्त परवरिश करना है। स्वास्थ्य के दो घटक हैं, आहार और व्यायाम। स्वास्थ्य का प्रमुख घटक आहार है। अपने बच्चे की सबसे बेहतर शारीरिक अवस्था दिलाने के लिए हमें बतौर अभिभावक उनमें बहुरंगी भोजन करने की आदत विकसित करनी होगी। आयुर्वेद के अनुसार, हम जैसा खाते हैं, वैसा ही बनते हैं। आयुर्वेद बताता है कि छह प्रकार के स्वाद होते हैं और एक स्वस्थ भोजन में भी सभी छह तरह के स्वाद एवं पोषण होने चाहिए। आधुनिक विज्ञान इस तथ्य का समर्थन करता है। एक विख्यात अध्ययन के अनुसार, दुनिया के '**ब्लू जोन**' में लोगों के 100 वर्ष से भी अधिक तक जीने की एक वजह उनका पोषक के साथ-ही-साथ विविध स्वादवाले भोजन करने की आदत है। आहार के मुख्य तौर पर पाँच घटक कार्बोहाइड्रेट्स, वसा, प्रोटीन, विटामिन्स और खनिज हैं। इनमें से हर एक घटक बच्चे के दिमाग और विकसित होते शरीर के लिए अहम है।

आदत

इसमें बच्चे को वह खाने के लिए तैयार करना है, जिसे 'संतुलित आहार' कहते हैं, जिसमें सभी पाँच घटक संतुलित अनुपात में हों। इसका अर्थ हुआ कि बच्चे का भोजन केवल स्वादिष्ट ही नहीं, बल्कि स्वस्थ भी हो।

लाभ

- उसे वह सभी पोषण लेने में मदद करता है, जो उसके विकास, कल्याण और स्वस्थ रहने के लिए जरूरी है।
- बच्चे की स्वाद कलिकाएँ विकसित करता है। उसका जंक फूड खाना कम करने में मदद करता है।
- उसकी प्रतिरक्षा प्रणाली को बेहतर बनाने में मदद करता है और उसे किसी भी तरह की आगामी बीमारियों से बचाता है।
- उसे हर तरह के वातावरण और परिवेश में रहने योग्य अनुकूलित व लचीला बनाता है। उदाहरण के लिए, अगर बच्चा लंबे सप्ताहांत या प्रशिक्षण अथवा अध्ययन के लिए विदेश जा रहा हो तो वहाँ उसे उसी आहार पर निर्भर रहना होगा, जो वहाँ उसे मिलेगा।
- इससे आपका बच्चा दीर्घायु और स्वस्थ बनेगा।

यह आदत विकसित करना

- अपने बच्चे को स्वस्थ आहार में सभी पाँच प्रमुख घटकों के बारे में बताएँ। साथ ही उसे उन घटकों का कैलोरी मूल्य तथा उसे खाने का आदर्श समय भी बताएँ। कुछ भी खाने से पहले अपने बच्चे को उस खाने में सभी पाँच घटकों के बारे में बताएँ।
- रात को सोने से पहले उसने दिन भर जो भी खाया था, उससे उसके बारे में पुछें। इसमें जंक फूड भी शामिल हो।
- रोजाना कम-से-कम एक आहार स्वस्थ होना चाहिए, जिसमें सलाद, फल, नट्स और ड्राई-फ्रूट्स शामिल होने चाहिए। उसे हर बार खाने के साथ सलाद भी दें। उसे रोजाना कम-से-कम दो फल खिलाएँ। अगर वह जंक फूड बहुत खाता हो तो उसके

जंक फूड में एक स्वस्थ वस्तु भी शामिल करें, जैसे पिज्जा या बर्गर से पहले सलाद खिलाएँ।

- पारंपरिक भारतीय घरों में बच्चों को जड़ी-बूटियों के पत्ते खिलाए जाते रहे हैं, जिनमें शोध के अनुसार, अनेक सूजन-रोधी और कैंसर-रोधी तत्त्व होते थे। उन्हें रोजाना तुलसी व हल्दी जैसी एक जड़ी-बूटी खाने की आदत डालें।
- इसे पारिवारिक आदत बनाएँ कि रोजाना रस-युक्त फल, नीबू, तुलसी आदि सहित क्षारीय पानी का जग बनाएँ और पिएँ। बच्चों समेत परिवार का हर सदस्य यह पेय पिए। इससे न केवल वह क्षारीय पानी पी सकेगा, बल्कि इस जल के साथ उसे महत्त्वपूर्ण पोषण भी प्राप्त होगा।
- बच्चे को हर्बल चाय का स्वाद भी अवश्य चखाएँ।

□

9

अखबार पढ़ने की आदत

आज हम ऐसे युग में जी रहे हैं, जहाँ हर तरह की सूचना बेहद आसानी से बस, एक बटन दबाने भर से हासिल हो जाती है। आपके पास जितनी सूचनाएँ होंगी, आप उतने ही अपडेट होंगे। 'ज्ञान मनुष्य बनाता है' की कहावत है तथा पढ़कर ज्ञान लेने की सकारात्मक आदत अखबार पढ़ने से आती है। रोज सुबह अखबार पढ़ने की आदत एक अच्छी दिनचर्या है। अनेक घरों में रोजाना सुबह आपका स्वागत दहलीज पर पड़ा अखबार करता है। मुझे याद है, जब मैं छोटा था तो मेरा रोज सुबह का सबसे पहला काम अपने पिता के लिए अखबार लाना था। उन्हें बिस्तर पर चाय पीते हुए उसे पढ़ना अच्छा लगता था। वे मुझसे भी खबरों के शीर्षक पढ़वाया करते थे, जो आगे चलकर पूरी तरह अखबार पढ़ने की आदत में तब्दील हो गई।

आदत

आसान भाषा में कहूँ तो यह बच्चे को रोजाना अखबार पढ़ने की आदत डलवाना है।

अखबार पढ़ने की आदत के लाभ

- अपने 'न्यूज' (News) नाम के अनुरूप यह हमें उत्तर, पूर्व, पश्चिम और दक्षिण की सूचनाएँ देता है। इन सूचनाओं में राजनीति, वित्त, खेल या अंतरराष्ट्रीय मामलों जैसे विभिन्न क्षेत्र आते हैं। यह अपनी जानकारी सुधारने के साथ ही उन्हें दुनिया

भर में क्या हो रहा है, इसकी भलीभाँति जानकारी देता है।

- इससे बच्चे की शब्दावली और पढ़ने की क्षमता में वृद्धि होती है। इससे उनकी लेखन शैली भी मजबूत होगी।
- अखबार पढ़ने से उसकी साहित्यिक दिलचस्पी विकसित होगी, जैसे वह अच्छी कविताएँ लिख सकता है तो वह अखबार में आनेवाली कविताओं के साथ अपने आप को जोड़ सकता है।
- इससे बच्चा पढ़ने के व्यावहारिक पहलुओं को समझने लगता है। उदाहरण के लिए, अर्थशास्त्र में बच्चे को मुद्रास्फीति के बारे में सिखाया जाता है और वह अखबार द्वारा मौजूदा मुद्रास्फीति दर के साथ-ही-साथ मुद्रास्फीति के कारण भी जान जाता है।
- उसे विभिन्न कॅरियर विकल्पों की जानकारी मिलती है। इससे उसे विभिन्न लेखों व कहानियों द्वारा विभिन्न दृष्टिकोणों को जानने में मदद मिलती है। अखबार उनकी विश्लेषणात्मक बुद्धि को उत्प्रेरित करता है।

अखबार पढ़ने की आदत विकसित करना

- अखबार लगवाएँ और हर सुबह बच्चे के नाश्ता करने से पहले उसे अखबार में खबरों के शीर्षक पढ़ने को कहें।
- उसकी अकादमिक दिलचस्पी बढ़ाने का सबसे अच्छा तरीका है स्कूली पढ़ाई के साथ ही अखबार पढ़ना भी शामिल करें।
- बच्चे से उसकी रुचि की खबरों को काटकर एकत्रित करने और कोलाज बनाने को कहें। अगर उसके क्रिकेटर, कॉमिक्स, कार्टून, कुक, फैशन, गैजेट्स जैसे रोल मॉडल हों तो उसे इनसे जुड़ी खबरों को अखबार से काटकर रजिस्टर पर चिपकाने के लिए कहें।

- सप्ताहांत में उसके साथ सप्ताह भर में देश में हुए बड़े बदलावों और घटनाओं पर चर्चा, बल्कि बहस करें।
- छुट्टियों के दौरान अगर कोई गृह-कार्य न मिला हो तो उन्हें मुद्रास्फीति या मौसम की भविष्यवाणियों जैसे चर्चित या मौजूदा विषयों से संबंधित प्रोजेक्ट सौंपें। उन्हें पाई चार्ट, डायग्राम, फ्लो चार्ट बनाने या उस पखवाड़े का विवरण लिखने को कहें।

□

10

बिजली बचाने की आदत

छोटी चीजें खूबसूरत होती हैं। एक बहुत छोटी, लेकिन सरल आदत, जो अकसर हम में से ज्यादातर लोगों को नहीं होती, वह है उन गैर-जरूरी लाइटों और इलेक्ट्रॉनिक उपकरणों को बंद करना, जो इस्तेमाल नहीं हो रहे हों। यह आदत बनाना बहुत आसान है और यह धन व संसाधन बचाने के लिहाज से भी काफी फायदेमंद है।

आदत

सरल भाषा में कहें तो इसमें बच्चे को सिर्फ यह आदत डलवानी है कि वह इस्तेमाल नहीं हो रही लाइटों और इलेक्ट्रॉनिक उपकरणों का स्विच बंद कर दे। वे लाइटें अपने घर की, दूसरों के घर की, स्कूल की और सार्वजनिक स्थलों की भी हो सकती हैं।

लाभ

- बच्चे को अनुशासित करने के साथ ही उसे न्यूनतम संसाधनों का अधिकतम लाभ लेने में उपयोग करने की आदत पड़ेगी। इससे बच्चे को बचत के मूल्य का अहसास होगा, जो जल्दी ही पानी बचाने, कागज बचाने आदि जैसे क्षेत्रों तक विस्तारित हो जाएगा।
- बिजली बचेगी और बिल भी कम आएगा। परिवार का बिजली पर खर्च कम होगा, क्योंकि उन्हें उपकरण कम खरीदने पड़ेंगे।

अगर आप रोजाना 6 रुपए प्रति यूनिट की दर से पाँच यूनिट बिजली भी बचाते हैं तो साल भर में यह 10,950 हो जाता है। एक औसत चार लोगों का भारतीय परिवार प्रतिवर्ष 43,800 रुपए तक बचा सकता है! अगर भारत के सभी 130 करोड़ नागरिक यह आदत डाल लें तो कल्पना कीजिए, देश की कितनी बचत होगी!

- गरमियों में लाइटें बंद रखने से कमरा ज्यादा ठंडा रहता है, जो एक अतिरिक्त लाभ होगा। इससे बिजली का उपयोग कम होगा और बल्बों व इलेक्ट्रॉनिक उपकरणों की उम्र बढ़ेगी। साथ ही, आग लगने से भी बचाव होगा; क्योंकि इलेक्ट्रॉनिक उपकरणों को लंबे समय तक लापरवाही से लगातार इस्तेमाल करते रहना, आग लगने की घटनाओं के प्रमुख कारणों में से एक है।
- राष्ट्रीय संसाधनों की बचत होगी, क्योंकि इससे राष्ट्रीय संसाधनों पर दबाव कम होगा। बिजली बचाकर आप यह बिजली उन लोगों को देने में मदद करते हैं, जिन्हें यह मिल नहीं पाती।
- इससे बच्चे के नागरिक संस्कार बेहतर होंगे, क्योंकि बिजली बचाकर उसे लगेगा कि वह देश के लिए कुछ अच्छा कर रहा है।
- अप्रत्यक्ष रूप से बच्चे का स्वास्थ्य सुधरने में मदद मिलेगी। गैजेट्स और टी.वी. बंद रहने से बच्चा खुले में खेलने जाता है या कुछ अधिक सक्रिय काम करता है।

बिजली बचाने की आदत बनाना

- एक आम नियम यह होना चाहिए कि बच्चा जब भी 15 मिनट या अधिक समय के लिए कमरे से बाहर जाए, लाइट बंद कर दे।

- बच्चे को बिजली का दाम बताएँ और यह भी बताएँ कि किस तरह बिजली बचाने से परिवार एवं देश के संसाधन तथा धन बचाने में मदद मिलती है और इसके साथ ही पर्यावरण की भी रक्षा होगी। उसके साथ मिलकर महीने भर के कुल खर्च में बिजली पर खर्च का प्रतिशत निकालने पर चर्चा करें। महीने भर में बिजली के बिल पर 15 प्रतिशत बचाने का पारिवारिक लक्ष्य तय करें। इस आदत पर निगाह बनाए रखने के लिए हम अपने घर के मासिक बिल की यह आदत बनने से पहले और बाद की स्थिति की तुलना कर सकते हैं।
- बच्चे को बताएँ कि वह घर या स्कूल या सार्वजनिक स्थलों पर, जहाँ कहीं भी लाइट या पंखा, एयर कंडीशनर, माइक्रोवेव ओवन आदि इलेक्ट्रिक उपकरण चलता दिखाई दे, जो इस्तेमाल न हो रहा हो, तो उसे बंद कर दे।

□

11

छँटाई की आदत

हमारी पीढ़ी के बच्चे पिछली पीढ़ी के बच्चों से ज्यादा भाग्यशाली हैं, खासतौर पर जब बात पुस्तकों, खिलौनों, स्टेशनरी, कपड़ों, दैनिक उपयोग की वस्तुओं की आती है। कई बार हमारे बच्चों के पास उससे भी ज्यादा होता है, जितना उन्हें सचमुच चाहिए। इस 'प्रचुरता की समस्या' को काबू करने की सबसे आसान, लेकिन उच्च प्रभावशाली आदत छँटाई करना है। आसान भाषा में कहें तो इसका अर्थ अपने आसपास के परिवेश से अनावश्यक सामान हटाना और केवल आवश्यक वस्तुएँ रखना है। छँटाई का मतलब इन चीजों से पीछा छुड़ाना है, जो कीमत, समय और वित्त के पैमाने पर आवश्यक नहीं हैं। अगर कोई बच्चा रोजाना एक चीज हटाता है तो वह साल भर में 365 निरर्थक चीजों की छँटाई कर देगा।

आदत

अनावश्यक चीजें हटाना और न्यूनतम वस्तुओं के साथ जीना है।

छँटाई के लाभ

- जिस तरह बच्चा अपने स्कूल बैग, डेस्क, अलमारी आदि की छँटाई करता है, तब उसे अहसास होता है कि उसके पास कितना सारा सामान है और तब वह अपनी भावी खरीदारी को लेकर सचेत हो जाता है। वह केवल वही सामान खरीदता है, जिसकी उसे सचमुच आवश्यकता है और ऐसा करने से पैसे भी बचते हैं।

- बेडरूम, स्नानघर या स्टडी टेबल पर ज्यादा जगह बन जाती है। उसे पता लग जाता है कि घर में कहाँ पर क्या रखा है। अब वह इन्हें ज्यादा आसानी और तेजी से खोज सकता है।
- छँटाई का मतलब साफ-सफाई, साज-सँभाल के लिए कम सामान होना है, इसलिए इससे निपटने का तनाव भी कम होता है।
- बच्चे का ध्यान अनावश्यक चीजों से हटता है और 'आवश्यक' पर केंद्रित होता है। वह अपना ध्यान अपनी मरजी के काम और जीवन की अन्य महत्त्वपूर्ण चीजों पर दे सकता है।
- बच्चे के जीवन से अनावश्यक चीजें हटने से उसका जीवन आसान बन जाता है।

यह आदत डलवाना

- बच्चे को उन सब चीजों की सूची बनाने को कहें, जिन्हें वह निम्न तीन वर्गों में रखें। उसके पास फिलहाल मौजूद चीजों में व्यर्थ सामान, जैसे—पिछली कक्षा की पुरानी स्कूल की पुस्तकें; बेकार हुए पेन, पेंसिल और स्टेशनरी वस्तुएँ; पुराने खिलौने, पुराने कपड़े, तारीख निकले कूपन आदि तथा निकट भविष्य में काम न आनेवाली चीजें, अर्थात् ऐसी वस्तुएँ, जो अगले छह महीने में इस्तेमाल नहीं होनेवाली, जैसे अतिरिक्त टूथ ब्रश, स्टेशनरी, डायरियाँ, स्टेप्लर आदि। उससे वे सारी बेकार वस्तुएँ एकत्रित करके इसे सीधे कूड़ेदान में डाल देने को कहें। निकट भविष्य में—मान लीजिए, छह माह में—काम न आनेवाला सामान, इसे एक प्लास्टिक बैग में बंद करके स्टोर रूम में रख दें।
- बच्चे के स्कूल बैग से शुरुआत करें। उसे उसमें ऐसा बहुत कुछ मिलेगा, जो फालतू और अनावश्यक है। इसके बाद उसे

स्टडी टेबल और स्पोर्ट्स-बैग की जाँच के लिए कहें।

- इसके बाद उसे उसकी अलमारी में उन कपड़ों को तलाशने के लिए कहें, जो पिछले एक साल से इस्तेमाल नहीं हुए हैं और जो उसे जीवन भर काम नहीं आने वाले।
- उसे किसी ऑनलाइन क्रय-विक्रय प्लेटफॉर्म से जोड़ें, जहाँ वह अनावश्यक वस्तुओं को बेच सके। इससे उसकी वित्तीय बुद्धिमत्ता विकसित करने में मदद मिलेगी। इसका सबसे अच्छा तरीका यह है कि जिन कपड़ों को वह कभी नहीं पहनने वाला, उसे किसी जरूरतमंद को दान या उपहार में दे दें।
- सूची बनाने का यह काम बस, एक बार का है। इसकी जगह वह सप्ताह में 30 मिनट इस आदत को बनाने के लिए अलग रख सकता है। वैकल्पिक रूप से वह रोजाना एक चीज की छँटाई कर रख सकता है, जो दीर्घावधिक आदत बनने का ज्यादा अच्छा तरीका है।

□

12
डायरी लिखने की आदत

एक बेहद सरल, प्रभावशाली और लाभप्रद आदत रोजाना डायरी लिखने की आदत है। माना जाता है कि जिसे मापा जा सकता है, उसे हासिल भी किया जा सकता है। इसलिए डायरी में अपने विचार दर्ज करने से ज्यादा बेहतर तरीका और क्या हो सकता है?

आदत

यह एक निजी नोटबुक रखने की तथा अपने दैनिक अनुभवों, भावनाओं एवं क्रियाओं को लिखने की आदत है।

दैनिक घटनाओं को लिखने के लाभ

- बच्चे को अधिक अर्थपूर्ण बनने में मदद मिलती है और उसकी लेखन व संवाद शैली में भी सुधार होता है। बच्चा अपनी अनुभूतियों को व्यक्त कर पाता है, भले ही वह आनंद, दुःख, क्रोध, भ्रम, हताशा या प्रसन्नता कुछ भी हो।
- बच्चा जब भी दिन में किसी अप्रिय स्थिति या घटना को अनुभव करता है तो अपना क्रोध और हताशा दूसरों पर निकालने की जगह उन्हें दर्ज कर लेना ज्यादा अच्छा है। यह आदत मूड को बेहतर बनाने में अच्छा काम करती है और बच्चे को उसकी दबी हुई अनुभूतियों को अभिव्यक्त करने में मदद मिलती है, जो बुनियादी रूप से बच्चों में अवसाद का कारण बनता है।

- इकलौता बच्चा हो तो यह उसे अपनी भावनाओं को अभिव्यक्त करने का प्रभावी उपकरण है, जिसमें उसे किसी दोस्त/विश्वासपात्र से धोखा खाने या ब्लैकमेल होने का खतरा भी नहीं रहता। यह लिखने की आदत बच्चे को अपनी भावनाओं को सकारात्मक तरीके से नियंत्रित करने में मदद करती है।
- बच्चे को अपने आप को अच्छी तरह समझने में मदद मिलती है। जब बच्चा बाद में इन भावनाओं को पढ़ता है, जब वह अवसर बीत गया हो/उसकी परेशानी का कारण न हो, तो वह शुरुआती प्रतिक्रिया, जो उसने अपनी डायरी में व्यक्त की है, अगर उसे भावहीन होकर देखे, तो बाद में यह बढ़ी-चढ़ी प्रतीत होती है। वयस्क होने के बाद बच्चा उसे पढ़कर अपने व्यक्तित्व की विशेषताओं को तलाश पाता है।
- स्मृति में सुधार होता है और बच्चे को नए विचार व धारणाएँ सीखने में मदद मिलती है। यह बच्चे में रचनात्मकता और चेतना को प्रेरित करता है।
- अगर बच्चे को अभिभावक के आलोचनात्मक न होने का विश्वास हो तो वह उनके साथ अपनी वह व्यक्तिगत बातें साझा कर सकता है। इससे अभिभावक को अपने बच्चे को; उसकी उम्मीदों, उसकी कमियों और बच्चे के अन्य महत्त्वपूर्ण भावनात्मक पहलुओं को ज्यादा बेहतर ढंग से जानने में मदद मिलेगी।
- अपनी प्रगति जाँचने में मदद मिलेगी। मान लीजिए, बच्चा रोजाना 20 मिनट व्यायाम करने का लक्ष्य लिखता है तो अगले दिन वह यह देख सकता है कि वह अपना लक्ष्य पाने में किस हद तक कामयाब रहा! इससे बच्चा जिम्मेदार बनेगा।
- उसे ज्यादा व्यवस्थित होने में मदद मिलेगी और वह यह

पहचान सकेगा कि उसके जीवन में क्या काम कर रहा है और क्या नहीं!

- इससे बच्चा कोई पुस्तक या अपनी आत्मकथा लिखने की शुरुआत कर सकता है।

डायरी लिखने की आदत डलवाना

- अपने बच्चे को छोटी सी डायरी दिलवाएँ। शुरुआत में उसे कुछ दिन के लिए उसमें दिन भर घटी घटनाओं के बारे में लिखने को कहें। उसे हर दिन उस पर तारीख लिखने और हस्ताक्षर करने को भी कहें। तत्पश्चात् उसे इसमें यह लिखने को कहें कि उसने दिन भर में कौन सा अच्छा काम किया है, अगले चरण में वह उसमें अपनी इच्छाएँ, सपने, लक्ष्य, बाधाएँ, कमियाँ आदि लिख सकता है। संक्षेप में कहें तो वह डायरी उसकी आत्मा का प्रतिबिंब होगी। कुछ दिन बाद यह सरल आदत विकसित होकर नियमित हो जाएगी। डायरी लिखने का सबसे उत्तम समय रात को सोने से पहले या सुबह जल्दी का होता है, जब शांति और निस्तब्धता का समय होता है और तब वह अपनी भावनाओं को स्थिरता से महसूस कर सकता है। उस डायरी को बच्चे के सिरहाने रखना चाहिए, ताकि वह रोजाना उसे लिख सके।
- उसे महान् लोगों की आत्मकथा पढ़ने के लिए कहिए, जैसे महात्मा गांधी की '**सत्य के साथ मेरे प्रयोग**'। वह समझ जाएगा कि आत्मकथाएँ और कुछ नहीं, बल्कि महान् लोगों की निजी डायरी होती हैं।

□

13

प्रेरणादायी वीडियो देखने की आदत

आज हम डिजिटल दुनिया में रहते हैं। हमारी पीढ़ी की तुलना में हमारे बच्चों को डिजिटल दुनिया से ज्यादा खतरा है। यह जुड़ाव गूगल, फेसबुक, इंस्टाग्राम, स्नैपचैट, यूट्यूब, नेटफ्लिक्स एवं अन्य ऑनलाइन प्लेटफॉर्म्स पर दिखाई देते हैं। यह सामग्री पढ़ने और खँगालने का नवयुगीन तरीका है। एक नया अध्ययन चेताता है कि बच्चे अपने दोस्तों से ज्यादा यूट्यूब पर समय बिता रहे हैं। औसतन एक बच्चा रोजाना ऑनलाइन होने में एक घंटे और 16 मिनट का भारी समय बिताता है! डिजिटल दुनिया से जुड़ना एक अपरिहार्य वास्तविकता है और यह अभी जारी रहनेवाला है। ऐसे हालात में आप अपने बच्चों को इन गैजेट्स से दूर रहने को नहीं कह सकते या उन्हें मोबाइल और अन्य गैजेट्स इस्तेमाल करने से भी नहीं रोक सकते। अपने बच्चों को डिजिटल जुड़ाव की बीमारियों से बचाने का सबसे अच्छा तरीका डिजिटल मीडिया को उसके लाभ में उपयोग के लिए जोड़ना है। इसके लिए उनका सकारात्मक सामग्री की तरफ मार्गदर्शन करना होगा। इससे उनमें सकारात्मक आदत बनेगी, जो उनके लिए फायदेमंद रहेगी। इस डिजिटल जुड़ाव का बच्चे के लाभ में उपयोग का सबसे अच्छा तरीका बच्चे को प्रेरणादायी वीडियो देखने की आदत डलवाना है, जो बच्चे की उम्र तथा स्वभाव के अनुसार हों।

आदत

इसमें बच्चे को रोजाना डिजिटल दुनिया में रोजाना उत्प्रेरक या प्रेरणादायी वीडियो दिखाना है।

प्रेरणादायी वीडियो देखने की आदत के लाभ

- कार्टून देखने या ऑनलाइन गेम खेलने या नेटफ्लिक्स पर कहानियों जैसे कार्यक्रम देखने से बच्चा बहुत सी अवांछित चीजों के संपर्क में आता है, जो अनेक बुराइयों का कारण बनती हैं। इसकी जगह प्रेरणादायी वीडियो देखने से बच्चे को जीवन में उद्देश्य और जीवन-लक्ष्य विकसित करने में मदद मिलेगी।
- इससे बच्चा नए विचारों, विश्वास प्रणालियों और वैश्विक परिदृश्य से जुड़ता है। प्रेरणादायी वीडियो कम शब्दों में सफल व्यक्ति के जीवन के प्रमुख बिंदुओं के बारे में बता देता है।
- कुछ मायनों में वीडियो देखना पुस्तक पढ़ने से ज्यादा बेहतर होता है। पुस्तक पढ़ना बहुत निजी चीज है। इसमें बच्चे को अपने विचारों को लेखक के विचारों के स्तर तक लाना होता है, जिसके लिए उसे पूरी पुस्तक पढ़ना और लेखक जो संदेश देना चाहता है, उसे समझना होता है। वहीं वीडियो देखना लेखक के साथ प्रत्यक्ष संवाद के जैसा है; क्योंकि यहाँ ग्राफिक्स, संगीत और तसवीरें उस विचार को तुरंत समझाने में मदद करती हैं। यह ज्यादा निजी होता है, जिसे बच्चा आसानी से समझ सकता है।
- बच्चा यह वीडियो कहीं भी, कभी भी और किसी भी विषय पर कम खर्च और कम समय में देख सकता है। इस आदत का प्रयोग एयरपोर्ट, रेलवे स्टेशन, लंबी यात्रा और किसी सामाजिक कार्यक्रम के दौरान भी किया जा सकता है।
- जब बच्चा दुःखी या हताश महसूस कर रहा हो तो उसे प्रेरणा मिलती है। यह बच्चे को सकारात्मक बनाता है और इससे उसका पूरा जीवन केंद्र बदल सकता है।

- बच्चे को बिंज वॉचिंग (किसी चीज को देर तक देखते रहना) और बेबूझ ब्राउजिंग से दूर रखती है।

आदत विकसित करना

- हम बच्चे को प्रेरणादायी वीडियो देखने के लिए सहज समझ देकर इसे चुनने में मदद कर सकते हैं। हम उनके मार्गदर्शन के लिए कुछ विषय-वस्तु सुझा सकते हैं या इससे बेहतर यह रहेगा कि उसके साथ आप भी वीडियो देखें। आप बीच-बीच में उससे सवाल पूछ सकते हैं या इससे बेहतर है कि बच्चे को इसके बारे में बताने को कहें और उस वीडियो की कुछ अच्छी चीजें बताने के लिए कहें। उस पर दबाव न बनाएँ। उसे पूरा समय लेने दें। हो सकता है कि शुरुआत में बच्चा न खुले, क्योंकि वह आपकी 'मोबाइल पर समय खराब' करने की डाँट सुनने का आदी है। धीरे-धीरे रात को खाना खाने के समय या जब आपको लगे कि वह बात करने के मूड में है, आप अच्छे वीडियो के बारे में बात शुरू करें। यहाँ धैर्य ही कुंजी है और एक बार जब बच्चे के साथ विश्वास का वातावरण बन जाए, तब वह वे सभी कार्यक्रम देखेगा, जो आप उसे देखने को कहेंगे। इस तरीके व युक्ति से बात करना 'बिंज वॉचिंग' की आदत को कम करने में मदद का शानदार तरीका है।
- बच्चे को यह देखना सिखाने का एक सबसे अच्छा तरीका मोबाइल या इंटरनेट पर कुछ भी देखने से पहले कम-से-कम तीन मिनट का प्रेरणादायी वीडियो देखने को कहें। व्यक्ति-विकास की प्रेरणा देनेवाले बहुत से वक्ता हैं, जैसे **रॉबिन शर्मा, जैक कैनफील्ड, एंथनी रॉबिंसन, विराट कोहली** व **अर्नाल्ड** आदि।

□

14

टाइम-ऑडिट की आदत

अगर पूछा जाए कि ऐसी कौन सी इकलौती चीज है, जो हमारे पास है भी और नहीं भी है, वह है समय! इसका मतलब हुआ कि हमारे पास समय एकमात्र मूल्यवान् संपत्ति है। समय सीमित है और बहुत तेजी से बीत जाता है। पहले हम समय बेकार करते हैं, बाद में समय हमें बेकार करता है। स्कूलों में बच्चे समय-सारणी के अनुसार चलते हैं। इससे बच्चों को समय-प्रबंधन सीखने में मदद मिलती है। सब के पास दिन में 24 घंटे ही हैं, फिर चाहे वह सफल व्यक्ति हो या विफल। बच्चा जिस ढंग से अपने 24 घंटे बिताता है, उसी से उसका भाग्य तय होता है। इसलिए यह काफी महत्त्वपूर्ण हो जाता है कि बच्चे को टाइम-ऑडिट की आदत सिखाई जाए। बच्चे को यह भी सिखाना होगा कि वह अपने समय में खेलों एवं व्यायाम, स्वास्थ्य एवं साफ-सफाई, सीखना एवं विकास, मनोरंजन एवं पारिवारिक समय को कैसे शामिल करें! इस पहलू पर स्कूली पाठ्यक्रम में ज्यादा ध्यान नहीं दिया जाता। सामान्यतः प्राथमिकता समय-प्रबंधन नहीं, बल्कि सिलेबस पूरा करवाना होता है।

टाइम-ऑडिट की आदत

यह वह तरीका है, जिससे बच्चे को उसके समय के लिए समय का मूल्य और उसके अपने समय का हिसाब रखना सिखाया जाता है।

टाइम-ऑडिट के लाभ

- बच्चा समय के प्रति सजग हो जाता है। समय-प्रबंधन से उसे जीवन के हर क्षेत्र में लाभ होता है।

- अगर वह समय-प्रबंधन में अच्छा होगा तो उसके पास इतना पर्याप्त और खाली समय होगा कि वह स्वस्थ कार्य-जीवन संतुलन बना सके।
- इससे उसे समय का तनाव नहीं होगा। वह तनाव से बच सकेगा और जल्दबाजी में चीजें करने के प्रयास की जगह वह चीजों को अत्यावश्यकता और सुविधा के अनुसार करना सीख जाएगा।
- वह अधिक कुशल और प्रभावशाली बनेगा। बच्चा ज्यादा व्यवस्थित हो जाएगा। वह कम समय में ज्यादा काम करने लगेगा। इससे वह अपने कामों में शीर्ष पर रहेगा। वह बार-बार काम करने से बचेगा, जिसका मतलब अकसर उसी काम को शून्य से शुरू करना होता है।
- बच्चा जीवन में प्राथमिकताएँ तय करना सीखेगा। इससे वह ज्यादा उत्तरदायी और विश्वसनीय बनेगा।

समय-प्रबंधन

- बच्चे को टाइम-ऑडिट नामक आदत डलवाने का सबसे अच्छा तरीका है कि सोने से पहले बच्चे को उसने दिन भर में, सुबह से शाम तक, जो भी कुछ किया है, वह याद करने को कहिए। ऐसे कौन से काम हैं, जो उसने लाभकारी ढंग से और बिना समय व्यर्थ गँवाए किए हैं?
- दूसरा तरीका बच्चे को साप्ताहिक प्रयोगात्मक समय-सारणी बनाना सिखाना है। इसमें सप्ताह के सभी 168 घंटे होंगे, जिनके बारे में वह प्रयोगात्मक शिड्यूल बनाएगा कि इन 168 घंटों को वह कैसे बिताने वाला है? इसमें सोना, स्कूल में बिताया समय, खेल, शौक पूरे करना आदि सबकुछ शामिल होगा।
- शोध बताते हैं कि समय-प्रबंधन में सबसे बड़ी बाधा एक साथ

कई काम करना है। बच्चे को बताएँ कि वह एक काम खत्म किए बिना दूसरा काम शुरू न करे। अगर यह खेलने का समय है तो वह खेलने के अलावा और कुछ न करे।

- अभिभावकों को बच्चों को समय का मोल सिखाना चाहिए। बच्चे को डायरी लिखने की आदत का अभ्यास करवाएँ, जहाँ वह अपना शिड्यूल रिकॉर्ड कर सके। इससे उसे किसी भी काम में लगनेवाले समय को जानने में मदद मिलती है और वह यह भी जान सकता है कि वह अपना ज्यादातर समय कहाँ बिताता है।
- बच्चा **'रेस्क्यू टाइम'**, **'वुंडरलिस्ट'** जैसे मोबाइल ऐप इस्तेमाल कर सकता है, जिससे उसे यह जानने में मदद मिलती है कि वह अपना समय कहाँ व्यतीत करता है।

□

15

योजनाबद्ध दिन जीने की आदत

कहा जाता है कि आप अपने दिन की शुरुआत जिस तरह से करते हैं, आपका दिन भी वैसे ही बीतता है और आप अपने दिन जिस तरह बिताते हैं, अपना जीवन भी वैसे ही बिताते हैं। आपकी जीवन गुणवत्ता आपके दिनों की गुणवत्ता पर निर्भर होती है। शोध बताते हैं कि दिन के एक मिनट की प्लानिंग काम करने के 10 मिनट बचा सकती है। बच्चे को इसकी आदत डलवाने के लिए एक बहुत सरल और अत्यधिक लाभप्रद आदतों में से एक अपने दिन की प्लानिंग करना है। इसका बस, यह अर्थ हुआ कि दिन को वह ही 'चला' रहा है, बजाय इसके कि दिन उसे चलाए। बच्चा इस सरल आदत का पालन करके अपने दिन का सर्वाधिक लाभ ले सकता है। वह इस तरह अपने दिन का शिड्यूल और प्राथमिकता तय करता है, जिससे उसे अधिकतम उत्पादकता और कुशलता हासिल होती है।

दिन की प्लानिंग

यह समय के साथ-साथ जीवन के क्षेत्रों को भी प्राथमिकता देना है।

दिन की प्लानिंग के लाभ

- इससे बच्चा दिन भर के अपने काम स्वतः ही कर सकेगा, वह भी बिना इन्हें याद किए।

- इससे उसे दिन के साथ ही अपने जीवन की प्राथमिकताएँ तय करने में भी मदद मिलेगी।
- वह उन क्षेत्रों/कार्यों पर केंद्रित रह सकता है, जिस पर ध्यान देना आवश्यक है।
- यह उसे उसके कार्यों/लक्ष्यों से भटकने से बचाएगा। अगर वह अपने तय शिड्यूल में न्यूनतम कार्य भी कर सका तो वह प्रगति कर रहा है।
- अधूरे कामों के रूप में उसे अगले दिन के लिए शिड्यूल मिल जाता है। यह एक महीने या वर्ष की अवधि का प्रगति चार्ट बन जाएगा।

दिन की योजना बनाना

- सोने से पहले, पिछली रात या सुबह उठने के फौरन बाद अपने बच्चे को किए जानेवाले कामों, गतिविधियों या लक्ष्यों की चेकलिस्ट बनाने को कहें, जो उसे उस दिन करने हैं। हर कार्य के लिए एक निश्चित समय व अवधि तय करें। हर कार्य को विशेष रूप से लिखें। उन्हें प्राथमिकता के आधार पर 1 से 10 तक श्रेणीबद्ध करें। उदाहरण के लिए, आपको एक दिन में सात काम करने हैं। जो सबसे महत्त्वपूर्ण काम है, उसे चुनें और उसके लिए समयावधि तय करें। कार्यों को अस्पष्ट रूप से न लिखें—मैं आज व्यायाम करूँगा (गलत तरीका), बल्कि विशिष्ट कार्य के रूप में लिखें—सुबह 8.30 पर ब्रश करने के बाद मैं 10 मिनट व्यायाम करूँगा (सही तरीका)।
- अगर बच्चे ने 30 या ज्यादा दिनों तक इस आदत का पालन किया तो उसे ज्ञात हो जाएगा कि दिन में कौन सा समय सबसे व्यस्त या उत्पादक समय रहा और कौन सा समय कम उत्पादक रहा।

- अब उसे पूरे हुए कामों पर सही (✓) का चिह्न लगाने को कहें। इससे उसे उपलब्धि का अहसास होगा तथा सकारात्मक फीडबैक लेने में मदद मिलेगी।
- कार्यों के लिए योजना बनाने में जीवन के स्वास्थ्य, स्कूल, खेल, मनोरंजन, शौक जैसे सभी क्षेत्र शामिल होने चाहिए।

□

16

बचत की आदत

बच्चे के सीखने के लिए एक अत्यंत सरल, सहायक और लाभकारी आदत पैसे बचाना है। कहते हैं कि हमें बुरे दिन के लिए बचत करनी चाहिए। बढ़ता बच्चा आमतौर पर पैसे का मोल नहीं समझता, क्योंकि उसकी सोच अभी इतनी विकसित नहीं होती कि पैसा कैसे कमाया जाता है? यदि आप किसी बच्चे से पूछें कि पैसा कहाँ से आता है, तो वह मासूम सा जवाब देगा कि पैसा ए.टी.एम. या बैंक से आता है! वित्तीय विवेक और बचत की आदत विकसित करना परवरिश के मूल उद्देश्यों में से एक है। इसका सरल नियम यही है कि बच्चे को जितना भी धन मिले, उसे उसमें से कम-से-कम 10 प्रतिशत तो बचाना ही है।

बचत की आदत

बचत का अर्थ है—सबसे पहले अपने आप को भुगतान करना। बच्चों को खर्च करने या अपने लिए सामान खरीदने के लिए जेब-खर्च या कुछ पैसे अकसर मिलते हैं। उसे आदत होनी चाहिए कि वह बजाय सारे पैसे खर्च करने के, उसका कुछ भाग बचाकर भी रखे।

लाभ

- बच्चे को पैसों का मूल्य समझने में मदद मिलेगी और वह अपनी धन-चेतना विकसित कर सकेगा। उसमें जीवन भर के लिए बचत की प्रवृत्ति हो जाएगी। इससे उसे बेहतर वित्तीय योजना बनाने में मदद मिलेगी।

- बच्चे को वित्तीय मामलों में बेहतर फैसले लेने में मदद मिलेगी। मिले हुए सारे पैसे खर्च करने की जगह वह सोच-समझकर चयन करेगा। इससे बच्चे को बेहतर वित्तीय चयन करने तथा बचपन से ही बेहतर वित्तीय फैसले लेने की आदत विकसित करने में मदद मिलेगी और वयस्क होने तक यह पूरी तरह उसकी आदत बन चुकी होगी।
- उसे जितना भी धन मिलता है, उसमें से कुछ हिस्सा बचाने को बढ़ावा दें, जो देखने में तो थोड़ा सा होगा, लेकिन लंबी अवधि में बड़ी रकम हो जाएगी। उसकी बचत तथा चक्रवृद्धि बचत में दिलचस्पी से उसके जीवन में अच्छी वित्तीय शुरुआत होगी।
- धन की बचत की आदत से जीवन में और भी कई जगह बचत की आदत बनती है, जैसे—समय की बचत एवं संसाधन की बचत आदि।

बचत की आदत डलवाना

- 'पैसा बचाया, पैसा कमाया' और यह पैसे बचाने की आदत बच्चों को जेब-खर्च देकर तथा उसमें से कुछ अंश घर के 'पिग्गी बैंक' में रखने के लिए प्रेरित करके सिखाई जा सकती है। जब उनकी उम्र बढ़ेगी और वे किशोर हो जाएँगे, तब माता-पिता उनके लिए बैंक खाता खुलवा सकते हैं। 'पिग्गी बैंक' में जमा रुपयों को उनके सामने गिना जा सकता है, जिससे उन पर इसका प्रभाव पड़े। आप बच्चे के साथ बैंक जाकर उसका खाता खुलवा दें और उसकी यह पूँजी बैंक खाते में जमा करवा दें।
- बच्चे को जन्मदिन, उत्सव, उपहार, पुरस्कार या किसी भी तरह अर्जित करके जब भी पैसे मिलें, उसमें से कुछ अंश की बचत करें। बच्चे से कहें कि वह इस अंश को 'पिग्गी बैंक' या बैंक खाते में जमा करवाए। इसके पुरस्कार-स्वरूप अभिभावक

अतिरिक्त लाभ के तौर पर ब्याज दे सकते हैं या जितना बच्चे के पैसे हैं, उतनी ही राशि आप जमा करवा दें।

- बच्चे को पारिवारिक बजट बनाने में शामिल करें। उससे उसके सुझाव लें कि वित्तीय संसाधनों का कैसे बेहतर ढंग से उपयोग किया जा सकता है? उससे पूछें कि पैसे कैसे बच सकते हैं?
- बच्चे को पैसे का मूल्य सिखाने का एक सबसे आसान तरीका उसे उसके कामों के लिए कभी-कभार पुरस्कार के तौर पर धन देना है। उदाहरण के लिए, उसे घर का सामान लाने भेजें या उसे घर पर इकट्ठा हुए पुराने अखबार बेचकर पैसे कमाने का अवसर दें।
- बच्चे को घर में विभिन्न स्थानों पर बिखरे फुटकर पैसे जमा करने को कहें और इस काम के लिए उसे इसमें से थोड़ा पैसा बचत करने के लिए दें।

□

17

अगले दिन के लिए पहले ही पोशाक चुनने की आदत

कहा जाता है कि जीवन एक उत्सव है, तो शानदार कपड़े पहनें। हम दूसरों में जो सबसे पहले देखते हैं, वे हैं उनके कपड़े। कपड़े पहनने की शैली बच्चे के चरित्र के बारे में बहुत कुछ बताती है। कपड़े पहनने की अच्छी समझ पाने का सबसे बेहतरीन तरीका उन्हें पहनने का समय, शैली और अवसर होता है। अत: पहनने के लिए पहले से ही कपड़े चुनने की आदत काफी मददगार होती है। इसमें केवल 2 या 3 मिनट लगते हैं। यह आदत बच्चे के व्यक्तित्व को गहराई से बदल सकती है।

आदत

इसके लिए अगले दिन के लिए पूर्व रात्री को ही पोशाक को चुनने और फैसला करने पर जोर देना है। सोने से पहले बच्चे को अगले दिन के लिए कपड़े पहले ही चुन लेने को कहें।

पहले ही पोशाक चुनने का लाभ

- बच्चे की कपड़े पहनने की समझ में सुधार होगा। अच्छे कपड़े चुनने से बच्चा स्मार्ट, आत्मविश्वास से भरा और ज्यादा आकर्षक दिखता है।
- बच्चे को अपने कपड़ों को उचित, समुचित व समझदारी से

चुनने के लिए पर्याप्त समय मिल जाता है। वह अगले दिन के लिए कपड़े आराम से चुन सकता है, जो वह सुबह की जल्दबाजी में नहीं कर सकेगा। इससे सुबह के समय बच्चे का समय और ऊर्जा बचेगी।

- बच्चा अलमारी में रखे अपने सामान के बारे में जान जाता है। वह अपनी दिनचर्या में अधिक व्यवस्थित हो जाता है। साथ ही, इस आदत से उसे अपने लिए कपड़े तथा अन्य चीजें खरीदने की प्रेरणा भी मिल सकती है।
- बच्चे को सोच-समझकर चुनने की आदत विकसित करने में मदद मिलेगी, बजाय इसके कि वह दूसरों के चुनावों पर चलता रहे।

आदत डलवाना

- रात को सोने से पहले बच्चा अगले दिन के लिए पोशाक चुन ले और उसे अपनी अलमारी के दरवाजे पर लटका दे। कपड़ों में अंतर्वस्त्र, पैंट-कमीज, बेल्ट, पर्स, जुराबें, रूमाल, जूते और स्कूल बैग शामिल हैं। इस पोशाक चयन में स्कूल से आने के बाद के कपड़े और खेलने के कपड़े भी शामिल हो सकते हैं। अच्छी तरह से बनाए हुए बाल भी अच्छी पोशाक का ही हिस्सा हैं।
- बच्चा बदल-बदलकर कपड़ों को संयोजित करे, जिससे उसकी अलग-अलग ढंग से कपड़े पहनने की समझ विकसित हो।
- उसके साथ खास अवसरों, जैसे—पार्टी, औपचारिक पोशाक, अनौपचारिक पोशाक, पहनने के लिए उचित ड्रेस के विषय पर बात करें। अच्छे कपड़ों के लिए उसकी सच्ची प्रशंसा करें।

सुनिश्चित करें कि कपड़े भलीभाँति प्रेस किए हों और जूते साफ व पॉलिश किए हों।

- उसे पारिवारिक छुट्टियों के लिए खुद पोशाक चयन करने दें। उसे उसका सामान खुद पैक करने दें।

□

18

नागरिक आदतें

बच्चे भविष्य में देश के नागरिक होंगे। बच्चों को बेहतर मनुष्य बनाने के साथ-ही-साथ अच्छा नागरिक बनाने के लिए यह अभिभावकों की जिम्मेदारी है कि वे उन्हें कुछ मूल नागरिक आदतों के बारे में बताएँ। किसी भी स्वस्थ समाज तथा स्वास्थ्य, कल्याण और बच्चों की सुरक्षा के लिए ये छोटी-छोटी आदतें अति आवश्यक हैं। नागरिक आदतों की सूची बहुत लंबी है; लेकिन मैं यहाँ इनमें से कुछ बुनियादी आदतों को ही शामिल करूँगा, जो हैं—

- (अ) ट्रैफिक नियम पालन करने की आदत, (ब) सीट-बेल्ट पहनने की आदत, (स) हेलमेट पहनने की आदत।
- सार्वजनिक स्थलों पर गंदगी न फैलाने की आदत।
- हर किसी से समान बरताव करने की आदत।

नागरिक आदतों के लाभ

- बच्चों को सुरक्षित, स्वस्थ और इन नियमों को न जाननेवालों से अपेक्षाकृत ज्यादा उम्र तक जीने में सहायक होगी। इनसे वे दुर्घटनाओं, बीमारियों और आपातकालीन स्थितियों में खुद को सुरक्षित रख सकते हैं।
- उन्हें बेहतर नागरिक और सामाजिक सदस्य बनने में मदद मिलेगी। इससे बच्चे में दायित्व की भावना विकसित होगी।
- राष्ट्र के प्रति अपनेपन की भावना विकसित होगी।

- अपने साथी नागरिकों से प्रेम और तालमेल होगा, साथ ही वे कानून का पालन करनेवाले नागरिक बनेंगे।

ट्रैफिक आदतें

- भारत में हर तीसरे मिनट एक व्यक्ति की सड़क दुर्घटना में मृत्यु होती है। उपलब्ध डाटा के अनुसार, ज्यादातर चोटें और मृत्यु से बचा जा सकता था, अगर हमने कार में सीट बेल्ट और दोपहिया वाहनों में हेलमेट की आदत का पालन किया होता।
- अपने बच्चे को सड़क दुर्घटनाओं के प्रति संवेदनशील बनाएँ। बच्चे के साथ सड़क दुर्घटना के कारण होनेवाली मौतों के आँकड़ों और उनसे कैसे बचा जा सकता है, इस पर विचार साझा करें। यूट्यूब पर ऐसे अनेक वीडियो मौजूद हैं, जो दिखाते हैं कि किस तरह हेलमेट पहनने या सीट बेल्ट लगाने से दुर्घटनाओं में जानें बची हैं। अपने बच्चे को सिखाएँ कि सीट बेल्ट या हेलमेट न लगाना कोई 'शान' की बात नहीं है। बच्चों को प्रोत्साहित करना चाहिए कि वे साइकिल चलाते हुए भी हेलमेट लगाएँ।
- अपना उदाहरण पेश करके यह प्रमाणित करें कि जब भी परिवार के लोग कार में बैठेंगे, सभी सीट बेल्ट लगाएँगे। वे भी, जो पिछली सीट पर बैठे हों।
- ट्रैफिक के नियमों का पालन करनी की आदत काफी महत्त्वपूर्ण है और इसे कम उम्र में ही अंतर्निहित कर देना चाहिए। अपने बच्चे को सड़क पार करने और सड़क पार करते समय तथा स्कूल बस में चढ़ने व उतरने के दौरान सावधान रहना सिखाएँ।
- बच्चे को तेज गति के खतरों से अवगत करवाएँ। कहना जरूरी नहीं कि अपना निजी वाहन चलाने समय अभिभावक गति सीमा का ध्यान रखें, जिससे वे खुद उदाहरण बन सकें। इससे

जब बच्चे के पास खुद अपना वाहन होगा, वह गति सीमा में रहते हुए ड्राइव करना सीखेगा।

- बच्चे को सिखाने का एक और तरीका उसे उस ट्रामा सेंटर में ले जाना है, जहाँ दुर्घटनाओं के शिकार लोगों का इलाज किया जाता है। इस तरह वह उस कष्ट और व्यथा को देख सकेगा, जो दुर्घटनाओं के शिकार झेलते हैं। यह उसके दिमाग में गहराई से छप जाएगा।

सार्वजनिक स्थलों पर गंदगी न करें

- बच्चे को यह बुनियादी मूल्य सिखाना होगा कि हमारा आस-पड़ोस हमारे घर का ही विस्तार है। यदि हमारे आसपास का वातावरण—चाहे वे जनता पार्क, सड़कें, बगीचे या सार्वजनिक इमारतें हों—साफ नहीं होंगी तो हम भी स्वस्थ नहीं रह सकते।
- बच्चों को कूड़ा कूड़ेदान में डालने की आदत घर से ही डलवाएँ। अगर सार्वजनिक स्थल पर कोई कूड़ेदान न हो तो कूड़ा अपने पास रखें और बाद में उचित जगह पर डाल दें।
- सुनिश्चित करें कि बाहर जाने के पूर्व वह शौच होकर आए। इससे वह सार्वजनिक शौचालय का उपयोग करने से बच सकेगा। उसे मलेरिया, डेंगू और अन्य रोगों के संपर्क में आने में सार्वजनिक साफ-सफाई का मूल्य समझाएँ।
- बाहर जाते वक्त अपने साथ छोटी सी थैली रखें। बच्चा खाने की खराब चीजें और लिफाफे सार्वजनिक स्थलों पर यहाँ-वहाँ फेंकने की जगह उन्हें इस बैग में रखे।

सबसे समान बरताव करें

- बच्चे मासूम होते हैं। वे जाति, धर्म या वर्ग के आधार पर खुद भेदभाव नहीं कर सकते। वे समय के साथ इस तरह

का अलगाव घर, स्कूल और समाज से सीखते हैं। अपने बच्चे को विभिन्न लोगों से दोस्ती करने को कहें और साथ ही उन्हें विभिन्न सांस्कृतिक अनुभवों से भी परिचित करवाएँ। अपने बच्चे को दूसरी संस्कृतियों की अच्छी बातों से परिचित करवाएँ।

- बच्चे से बात करते समय या वैसे भी किसी भी दूसरे सामाजिक समूह के लिए अपमानजनक शब्दों का उपयोग न करें।
- बच्चे को दूसरों की समस्याओं से परिचित करवाने तथा संवेदनशील बनाने के लिए भूमिका निभाने का तरीका सबसे अच्छा तरीका है। उदाहरण के लिए, कभी-कभी बच्चे की आँखें ढककर उसे नेत्रहीनों की कठिनाइयों का अनुभव करवाएँ। इसके बाद इस पर उसकी प्रतिक्रिया और भावना पूछें। इस अभ्यास को अनेकानेक सामाजिक समस्याओं का अनुभव करवाने और उसे दूसरों के कष्टों व पीड़ाओं के प्रति दयालु एवं संवेदनशील बनाने तथा उनके प्रति सहानुभूतिपूर्ण बनाने के लिए किया जा सकता है।

□

19

युवाओं को उकसानेवाली बुराइयों से अलग रखने की आदत

हम जिस युग में जी रहे हैं, उसमें जो फैशन में हो, वही अच्छा और सही दिखाई देता है। समाज में कुछ बुराइयाँ भी हैं, जो हमारे युवाओं को नष्ट करती हैं। सभी लोग इन बुरी आदतों के दुष्प्रभावों को जानते हैं; लेकिन आजकल इन्हें अपनाना 'शान' की बात मानी जाती है। हमारी फिल्में, गीत और यहाँ तक कि रोल मॉडल भी इन बुराइयों का समर्थन करते प्रतीत होते हैं और अंततः अतिसंवेदनशील व आसानी से प्रभावित होनेवाले बच्चों के मन को भ्रमित कर देते हैं। आज ऐसा युवा मिलना दुर्लभ ही है, जो इन बुराइयों से बच सके। ये आदतें बच्चे की शुरुआती किशोर उम्र के दौरान विकसित होती हैं, जब उनकी समझदारी अभी विकसित हो रही होती है। परवरिश का एक उद्देश्य बच्चों को इन बुराइयों से दूर रहने की आदत सिखाना भी है।

आदत

हालाँकि सामाजिक बुराइयों की फेहरिस्त बहुत लंबी है, फिर भी इनमें सबसे प्रचलित हैं—बदजुबानी, हिंसा, तंबाकू सेवन, धूम्रपान, मद्यपान तथा ड्रग्स का उपयोग।

बच्चों के इन बुराइयों में फँसने के कारण

- अज्ञात के प्रति जिज्ञासा—इनके इस्तेमाल से होने वाली खुशी की आशा।

- भावनात्मक परेशानी या तनाव से राहत पाना।
- अपने को बड़ा और वयस्क दिखाने की इच्छा तथा स्वतंत्र होने की कामना।
- दोस्तों में शामिल होने के लिए साथियों का दबाव।
- पारिवारिक संस्कृति, जहाँ अभिभावक, बड़े भाई-बहन इनमें लिप्त हों।
- फिल्मों, वीडियो गेम्स या सोशल मीडिया के आकर्षक अदाकारों या मॉडल्स की नकल करना।

इन बुराइयों से दूर रहने की आदत विकसित करना

- माता-पिता बच्चों के लिए पहले रोल मॉडल होते हैं। वे वही दोहराते हैं, जो देखते हैं। बच्चे न सुनते हैं, न बात मानते हैं; बल्कि उनके मन में जो आता है, वही करते हैं। आप इन बुराइयों में लिप्त न होकर अपने बच्चों के रोल मॉडल बन सकते हैं, फिर चाहे वह धूम्रपान, मद्यपान, तंबाकू सेवन, नशे में बदजुबानी या ड्रग्स लेना हो। जो बच्चे इस तरह के परिवारों में रहते हैं, जिनमें इस तरह की बुराइयाँ हों, उनको इसकी आदत पड़ने की काफी संभावना होती है; क्योंकि यहीं से इस व्यवहार की शुरुआत होती है और वहाँ के व्यवस्था मूल्यों में इसे आम माना जाएगा।
- किसी को भी इन बुराइयों में लिप्त न होने दीजिए और अपने बच्चों को अपने या किसी के भी लिए इस तरह की सामग्री जैस सिगरेट आदि खरीदने कभी मत भेजिए। दूसरों को इसमें लिप्त देखकर अपने बच्चे को इन बुराइयों के बारे में बताएँ। अगर घर में कोई बड़ा धूम्रपान करता हो तो ध्यान रखें कि सिगरेट व बीड़ी आदि बच्चे के हाथ न लगने पाएँ।

- बच्चे के साथ इन बुराइयों के तात्कालिक खतरों के बारे में बात करें, जैसे—साँस से बदबू आना, खर्च बढ़ना, हैंगओवर, खराब व्यवहार, बदजुबानी आदि इस जैसी लत के परिणाम होते हैं। इसके बुरे प्रभावों और दीर्घावधिक खतरों पर जोर दीजिए, जिससे उनका स्वास्थ्य प्रभावित हो सकता है। साथ ही इनसे प्राणघातक रोग होने, दक्षता में कमी, मेहनत की कमाई बेकार जाने, बच्चों में विरूपता, घर में तनाव और अप्रसन्नता का माहौल जैसी चीजें हो सकती हैं।
- बच्चे को इन बुराइयों से होनेवाले नकारात्मक प्रभावों से परिचित करवाएँ। न्यूरो की भाषा में कहें तो अगर बच्चे को इन बुराइयों तथा इनसे उत्पन्न नकारात्मक परिणामों के बारे में बताया जाए तो उनमें इन बुराइयों के प्रति अप्रिय अनुभूति विकसित होगी।
- अपने बच्चे को उनके बारे में बताएँ, जो इन बुराइयों को छोड़ने में सफल रहे हैं, जिससे बच्चा संपूर्ण हालात को भलीभाँति समझ सके।
- बच्चे को नशा-मुक्ति केंद्रों से परिचित करवाएँ। उन्हें इन बुराइयों के दुष्प्रभावों के बारे में तथा इनसे बाहर कैसे निकलना है, की अनुभूति करने दें।

□

20

आपातकालीन तैयारी की आदत

जीवन उतार-चढ़ाव से परिपूर्ण है। कई बार ऐसे भी अवसर आते हैं, जब बच्चे को किसी मुसीबत, त्रासदी या आपात स्थिति जैसे हालात से गुजरना पड़ता है। कुछ वर्ष पूर्व एक मशहूर होटल में आग लग गई थी, जिसमें बहुत से लोग मारे गए। अग्निकांड से बचनेवालों में ज्यादातर लोग वे थे, जिन्हें उनके स्कूली दिनों के दौरान खुद को आग लगने पर बचाने का प्रशिक्षण दिया गया था। ऐसे हालात का सामना करने के लिए कुछ ऐसे जीवन-रक्षक कौशल होते हैं, जो बच्चे को पता होना जरूरी हैं, जिससे वह अपने आप को और दूसरों को भी बचा सके। इन आपात स्थितियों में दुर्घटनाएँ, अग्निकांड, चिकित्सकीय आपात स्थिति, बिजली का झटका, बम विस्फोट, भीड़ का हमला, चोरी, अपहरण या चोट पहुँचाने का प्रयास, सड़क पर लड़ाई, वाहन चलाने के दौरान दुर्घटना या भूकंप, डूबना, बिजली गिरना, बाढ़ जैसी प्राकृतिक आपदाएँ आती हैं।

आदत

यह आदत बच्चे को किसी भी आपात स्थिति में खुद को बचाने के लिए तैयार रखना है।

आपात स्थिति के लिए तैयार रहने के लाभ

- बच्चा सुरक्षित बचने के बुनियादी कौशल सीख सकेगा।

- इस कौशल का उपयोग वह दूसरों को बचाने में भी कर सकता है।
- आपात स्थिति और मदद आने के बीच के महत्त्वपूर्ण समय का सही उपयोग कर सकेगा।
- आपात स्थितियों का सामना करने में सक्षम होने से उसका आत्मविश्वास बढ़ेगा।
- किसी भी आपात स्थिति में उसे अपने दोस्तों व साथियों पर निर्भर नहीं होना पड़ेगा।

इस कौशल संबंधी सूचनाएँ

- बच्चे के साथ किसी संभावित आपात स्थिति पर बात करें, जैसे कि मान लीजिए, अभी भूकंप आ जाए तो वह क्या करेगा? अगर अभी घर में आग लग जाए तो उसकी पहली प्रतिक्रिया क्या होगी? अगर कोई उसके अपहरण का प्रयास करे तो वह क्या करेगा? अगर उसका कोई दोस्त दुर्घटनाग्रस्त हो जाए तो वह सबसे पहले किसे फोन करेगा? किसी दुर्घटना में नष्ट हुई कार से बाहर कैसे निकलें? हृदयाघात, दुर्घटना जैसी कृत्रिम आपात स्थितियों का निर्माण करके उसे सिखाएँ कि इसमें अपने आप को तथा दूसरों को सुरक्षित कैसे करें!
- उसे तैराकी, खाना पकाने की गैस का रिसाव बंद करना, सी.पी. आर., फर्स्ट-एड देना जैसे जीवन बचाने के बुनियादी कौशल सिखाएँ।
- बच्चे को एंबुलेंस, पुलिस, पारिवारिक डॉक्टर, अग्निशमन जैसे आपात फोन नंबर याद करवाएँ।
- बच्चे से फर्स्ट-एड किट, इमरजेंसी किट तथा मेडिकल किट तैयार करवाएँ।

- बच्चे को जीवन-रक्षा प्रशिक्षण कोर्स करवाएँ। अनेक शहरों में ये सहज ही उपलब्ध हैं। इंटरनेट पर ऐसे अनेक वीडियो मौजूद हैं, जिनसे बच्चा जीवन-रक्षा कौशल सीख सकता है। उसे 'नेशनल सर्विस स्कीम' के साथ जुड़ने को कहें।

□

21

पढ़ने की आदत

बेहद सरल, लेकिन अत्यधिक ठोस आदतों में से एक पढ़ने की आदत है। जिस तरह शरीर को स्वस्थ रखने के लिए व्यायाम किया जाता है, उसी तरह पढ़ना मस्तिष्क का व्यायाम है। हमारा पढ़ने का कारण दिलचस्पी या जवाबों की तलाश होता है। हर बच्चे के लिए यह जरूरी है। आज डिजिटल दुनिया के दौर में जहाँ बच्चा गैजेट्स व उपकरणों से घिरा हुआ है, तब भी पढ़ना अनिवार्य है। बच्चे के विकसित होते व्यक्तित्व के दौरान वह जो कुछ भी पढ़ता है, उसका प्रभाव जीवन भर रहता है।

आदत

यह प्रक्रिया बच्चे के मन को पुस्तक के विषय से जोड़ती है।

पढ़ने के लाभ

- उसकी शब्द-शक्ति, स्मृति और ज्ञान बढ़ता है। इससे वह बुद्धिमान बनने के साथ ही चीजों को ज्यादा अच्छी तरह समझने लगता है। पढ़ने से उसकी यादाश्त में भी सुधार होगा।
- बच्चा नए विषयों के बारे में जानेगा। इससे उसका दिमाग खुलेगा और वह जीवन को नए विचार व नजरिए से देख सकेगा। पढ़ने से उसे अपनी स्थिर-मानसिकता को विकासशील मानसिकता में बदलने में मदद मिलेगी।
- उसकी राय और किरदार का निर्माण होगा। पढ़ने से वह

रचनात्मक और कल्पनाशील हो सकेगा। इससे बच्चे को अपनी जीवन उद्‌देश्य स्पष्ट करने में मदद मिलेगी। पढ़ने की आदत से बच्चे को ऐसे अनेक जवाब मिल सकेंगे, जिससे उसके जिज्ञासु मन को संतोष मिलेगा।

- बच्चा उन महान् हस्तियों से सीख सकेगा, जो सफल हो चुके हैं, बजाय इसके कि हर चीज को पहले खुद आजमाकर देखे! एक पुस्तक मूल रूप से लेखक के अपनी सफलता यात्रा के अनुभवों को साझा करना है।
- जीवन भर के लिए एक शौक और आदत विकसित होगी। इससे दिमाग नकारात्मक और ओछे विचारों से निष्क्रिय रहेगा और सकारात्मक सोच बढ़ती रहेगी।
- बच्चे की रुचि और रुझान जानने में मदद मिलेगी। पढ़ने से उसे स्वयं लेखक बनने की प्रेरणा भी मिल सकती है।

पढ़ने की आदत बनाना

- बच्चे के सिरहाने हमेशा कोई पुस्तक रखी रहे। रोज बच्चे के सोने से पहले उसे कुछ अनुच्छेद पढ़कर सुनाएँ। इसका अगला कदम यह होगा कि आप बच्चे से रोजाना एक अनुच्छेद पढ़ने को कहें, जो आगे चलकर समय के साथ एक पृष्ठ प्रतिदिन हो जाएगा।
- बच्चा सबसे ज्यादा अपने माता-पिता को देखकर सीखता है। पढ़ने को पारिवारिक मूल्य बनाएँ। हर सप्ताह एक घंटा पारिवारिक पठन का रखें। बच्चे ने पुस्तक से जो सीखा है, उसके बारे में उससे अपनी राय देने को कहें। आपने जो पढ़ा है, उसके बारे में उसके साथ चर्चा करें।
- शुरुआत में विविध विषयों की पुस्तकें चुनें—काल्पनिक, साहसपूर्ण, रहस्यमय, फंतासी, गैर-फंतासी, जानकारीपूर्ण,

आम जानकारियाँ, विज्ञान और कुछ धार्मिक पुस्तकें भी, जिससे बच्चा यह पहचान सके कि उसे किस में दिलचस्पी है!

- उसे महान् व्यक्तित्वों की जीवनियाँ पढ़ने को कहें, जिससे वह उनके जैसा बनना सीख सके। उसे सेल्फ-हेल्प पुस्तकें पढ़ने को कहें।
- उसके फोन पर **ड्रॉपबॉक्स, किंडल या पी.डी.एफ. एडोब रीडर** एप्प इंस्टॉल करें। उसकी अकारण सोशल मीडिया ब्राउजिंग को डिजिटल पठन की आदत में बदलें।
- बच्चे को पारिवारिक छुट्टियों में यात्रा के लिए अपने साथ पुस्तक ले जाने को कहें। यात्रा के दौरान वह अपना समय और रेलवे स्टेशन या एयरपोर्ट पर प्रतीक्षा का समय पढ़ने को दे सकता है।
- उसे स्कूल में पूछे गए सवालों के विभिन्न जवाब तलाशने को कहें तथा गूगल की जगह पुस्तकों से सीखने के लिए कहें।

□

22

नया कौशल सीखने की आदत

मनुष्य होने के कारण हमारे पास ऐसे अनेक अवसर हैं कि हम नई चीजें सीख सकें और अपने भीतर की छिपी हुई प्रतिभा एवं संभावनाओं को तलाश सकें। कभी-कभार हम आलसी या टाल-मटोल करनेवाले होने के कारण अवसर चूक जाते हैं। बच्चों में स्पर्धात्मक दृष्टिकोण तथा अपने आप को नए कौशलों से युक्त करने की इच्छा को प्रोत्साहित करना चाहिए। इससे उन्हें अपनी वास्तविक संभावनाएँ पहचानने में मदद मिलेगी। हर बच्चा कई प्रतिभाओं के साथ जन्म लेता है। हर बच्चे की अपनी प्रतिभा होती है। यह गाना, नृत्य करना, स्केटिंग, खेल, स्कीइंग, रचनात्मक लेखन, चुटकुले सुनाना या सार्वजनिक व्याख्यान देना हो सकती हैं। परवरिश का एक महत्त्वपूर्ण हिस्सा बच्चे की संभावनाओं को समझने एवं उन्हें प्रोत्साहित करने तथा उसे उसकी रुचि के क्षेत्र से परिचित करवाने में है।

आदत

यह बच्चा जो जानता है, यह उससे इतर चीजें सीखना है।

नए कौशल सीखने के लाभ

- बच्चा अपनी छिपी हुई रचनात्मक संभावनाओं और प्रतिभाओं को प्रकट कर पाता है। विभिन्न प्रकार की चीजें सीखने से उसकी सीखने की गति बढ़ती है।
- नए कौशलों के बारे में जानने और उन्हें सीखने से वह अपनी

रुचि के काम को तलाश पाता है।

- उसे जीवन में बोरियत और एक जैसा काम करते रहने से मुक्ति में मदद मिलती है।
- इससे बच्चे का मानसिक रसायन परिवर्तित होता है। शोध बताते हैं कि इससे उसका दिमाग ज्यादा तेज होने के साथ ही उसे उन्माद जैसी अनेक शारीरिक व मानसिक व्याधियों से बचने में मदद मिलती है।
- वह ज्यादा ज्ञानी और अधिक जानकारीपूर्ण हो जाता है। इससे उसे विभिन्न विषयों में संबंध जोड़ने में मदद मिलती है।
- वह ज्यादा दिलचस्प व्यक्ति बन जाता है, जिससे उसे दोस्त बढ़ाने में भी मदद मिलती है। कई तरह की प्रतिभाएँ होने से वह अन्य विभिन्न रुचियोंवाले बच्चों के साथ घुल-मिल सकता है।

आदत डलवाना

- बच्चे की सभी रुचियों/रुझानों की सूची बनाएँ, जो उसे रोमांचित करती हों। मानव मन की कोई सीमा नहीं है। नया कौशल सीखने का उद्देश्य उस क्षेत्र में पेशेवर होना नहीं है। यह बस, केवल आनंद के लिए सीखना है। उसे शुरू से ही विभिन्न विचारों, खेलों, चीजों और कौशलों से परिचित करवाएँ।
- उसे हर तीन महीने में कम-से-कम एक नया शौक सीखने को कहें।
- अगर बच्चे की पढ़ने में रुचि हो तो उसे फंतासी, गैर-फंतासी, रचनात्मक और काल्पनिक पुस्तकों जैसी विभिन्न प्रकार की पुस्तकें पढ़ने को कहें।
- अगर बच्चा शारीरिक गतिविधियों में अच्छा हो तो उसे विभिन्न खेलों, योग, नृत्य, जिम्नास्टिक तथा अन्य शारीरिक गतिविधियों

से संबद्ध कौशलों से परिचित करवाएँ।

- अगर बच्चा संगीत में अच्छा हो तो उसे शास्त्रीय गायन, रैप, संगीत की विभिन्न किस्में और वाद्य यंत्रों से भी परिचित करवाएँ। आपको नहीं पता कि आनेवाले जीवन में ये नए कौशल उसे जीवन में किस तरह काम आ जाएँ!

□

23

दिन के मूल्यांकन की आदत

जैसा कि एक प्रसिद्ध कहावत है, 'जिसे माप सकते हो, वह कर सकते हो।' स्कूल में बच्चों का विषयों में उनकी प्रगति के अनुसार 1 से 100 तक के पैमाने पर मूल्यांकन किया जाता है। बच्चे की सफलता और विफलता का मूल्यांकन औसत, अच्छा, बहुत अच्छा या शानदार होता है, जो उसे मिले नंबर या ग्रेड्स के प्रतिशत पर आधारित होता है। यह व्यक्ति की प्रगति जाँचने का समय-परीक्षित तरीका है। इसी तरह जीवन के सभी पहलुओं में प्रगति के लिए बच्चे को नियमित रूप से अपनी प्रगति जाँचनी होगी। जीवन दिनों का संग्रह मात्र है, अत: जीवन में प्रगति को आँकने के सबसे अच्छे तरीकों में से एक उसकी प्रगति को दैनिक आधार पर मापने की आदत विकसित करना है।

अपने दिन के मूल्यांकन की आदत

यह बेहद आसान है। इसमें बच्चे को अपने दिन का 1 से 10 के पैमाने पर मूल्यांकन करना है।

दिन के मूल्यांकन का लाभ

- बच्चे को दिन-प्रतिदिन के आधार पर अपनी प्रगति मापने का अवसर मिलता है।
- अपनी प्रगति रोजाना खुद जाँचना उसे अपने प्रति जवाबदेह बनाता है। बजाय इसके कि अभिभावक उसे कुछ करने को

कहें, वह खुद ही उसे कर देता है। इससे उसे खराब या 'बुरे दिनों' से उबरने में मदद मिलती है और वह दिन भर सक्रिय तथा सकारात्मक रहता है।

- वह अपने लक्ष्य पर केंद्रित और उपलब्धि-उन्मुख होता है।
- इससे बच्चे को यह जानने में मदद मिलती है कि उसके लिए क्या काम कर रहा है और क्या नहीं। इससे वह ज्यादा रचनात्मक होता है, क्योंकि वह हमेशा उपलब्धियों में सुधार के तरीके और साधन तलाश ही लेता है।
- बच्चा दूसरों से स्पर्धा करने की जगह खुद से ही स्पर्धा करने लगता है। वह खुद अपने से आगे बढ़ने का प्रयास करता है। इससे उसे खुद अपने बारे में फीडबैक मिल जाता है।

इसे आदत बनाना

- सोने से पहले बच्चा अपने दिन का 1 से 10 तक के पैमाने पर मूल्यांकन करे। इस मूल्यांकन में दैनिक जीवन के स्वास्थ्य और सेहत, स्कूल व कॅरियर, परिवार, वित्त, फुरसत व मनोरंजन, निजी लक्ष्य, सामाजिक लक्ष्य आदि विभिन्न पहलू शामिल होने चाहिए।
- उसे छोटी-से-छोटी उपलब्धि को इस मूल्यांकन में शामिल करने के लिए कहें। उदाहरण के लिए पौष्टिक आहार लेना, कविता लिखना, अपने भाई-बहनों और परिवार के साथ मजेदार समय बिताना, अपने शौक पूरे करना, 5 किलोमीटर दौड़ना, किसी वृद्ध व्यक्ति की मदद करना, अपना होमवर्क समय पर पूरा करना, खेल प्रतियोगिता में जीतना, अच्छे ग्रेड लाना, किसी व्यक्ति को हँसाना, जंक फूड न खाना आदि।
- वह अपने दिन की अच्छे, बहुत अच्छे, शानदार आदि के अनुसार भी रेटिंग कर सकता है; हालाँकि किसी पैमाने के

आधार पर रेटिंग करना अधिक निर्दिष्ट, सटीक और लाभप्रद होगा। यह मूल्यांकन दिन भर की किसी खास और मापनीय क्रिया के लिए होना चाहिए। कुल 5 से अधिक की रेटिंग उसकी प्रगति का संकेत है। उसकी दिन भर की रेटिंग ही अंत में उसकी अपने जीवन के अन्य क्षेत्रों में रेटिंग का फैसला करेगी।

□

24

लिखावट सुंदर करने की आदत

अच्छी लिखावट अकसर व्यक्ति के व्यक्तित्व को परिभाषित करती है। ग्राफोलॉजी (हस्तलिपि-विज्ञान पठन कला) के अनुसार, हाथ नहीं लिखता, बल्कि दिमाग हाथ के माध्यम से लिखता है! बच्चा अपने स्कूल में सबसे पहला प्रभाव अपनी हस्तलिपि द्वारा डालता है। इतना ही नहीं, अभी कुछ साल पहले तक अच्छी हस्तलिपि के लिए 5 से 10 अंक मिल जाते थे, जो बच्चों को अच्छी हस्तलिपि विकसित करने के लिए प्रेरित करते हैं। **'कर्सिव राइटिंग'** की पुस्तकें उनके पूर्व-प्राथमिक पाठ्यक्रम का हिस्सा होती हैं और आज भी **'कैलीग्राफी प्रतिस्पर्धाएँ'** आयोजित की जाती हैं, जिससे अच्छी हस्तलिपि के कौशल को धार दी जा सके। अभिभावक यह सुनिश्चित करें कि उनके बच्चे सुपाठ्य और साफ हस्तलिपि का कौशल सीखें, क्योंकि परीक्षाओं में इसका काफी महत्त्व है। मैं ऐसे बहुत से छात्रों से मिला हूँ, जो प्रतिस्पर्धी परीक्षाओं की तैयारी कर रहे हैं। वे अपनी हस्तलिपि सुधारने का विशेष प्रयास करते हैं, जिससे वे लिखित परीक्षाओं में अधिक अंक पा सकें।

आदत

साफ, स्पष्ट और सुपाठ्य तरीके से अच्छी हस्तलिपि में लिखने की आदत।

लाभ

- परीक्षाओं, जिनमें लिखित परीक्षा बच्चे के मूल्यांकन का एक

प्रमुख पैमाना है, में अच्छी हस्तलिपि अच्छे अंक पाने में महत्त्वपूर्ण भूमिका निभाती है। सुंदर लिखावट किसी भी शिक्षक के लिए सुखद होती है।

- बच्चा अगर मानसिक रूप से चीजें सीखने में अच्छा हो, तो भी जब तक वह उसे सुपाठ्य और साफ हस्तलिपि में लिख नहीं पाता, तब तक अपने साथियों के मुकाबले उसकी स्थिति कमजोर ही होगी।
- यह जीवनपर्यंत जारी रहनेवाला कौशल है और वह अपने इस कौशल का हस्तलिखित पत्रों या ग्रीटिंग कार्ड्स या किसी भी तरह के अन्य लिखित माध्यम के फॉर्म जैसे अनेक दृष्ट संवादों में उपयोग कर सकता है।

अच्छी हस्तलिपि विकसित करने की आदत

- इसका सबसे आसान तरीका यह है कि बच्चे को उसकी इच्छा के किसी भी विषय पर निबंध या 200 शब्दों का लेख लिखने को कहें। अगर उसे वीडियो गेम्स खेलना अच्छा लगता हो तो उसे इसी के बारे में लिखने को कहें। अगले दिन खुद उसे उसकी हस्तलिपि में विराम, स्वच्छता, स्पष्टता, तय रेखाओं के बीच शब्द लिखना, एक वाक्य के दो शब्दों और अक्षरों में समान दूरी रखने जैसी गलतियाँ तलाशने को कहें। बच्चे को खुद ही उसकी लिखाई को 1 से 10 के पैमाने पर ग्रेड देने को कहें। अब इसके बाद आप खुद उसे 1 से 10 के पैमाने पर ग्रेड करें, जिससे बच्चा अपनी गलती समझ जाए और उसे दोहराए नहीं। उसे पूरी नरमी व दृढ़ता के साथ इस प्रक्रिया को दोहराते रहने को कहें, जब तक उसका अंतिम परिणाम सुखद न हो। हालाँकि यह परवरिश शांति से मीठी बातों से लगाकर और प्रोत्साहन देकर अपने बच्चे के बेहतरीन प्रदर्शन के लिए प्रोत्साहित करना है।

- बच्चे को कम उम्र में ही ड्रॉइंग करने तथा सफाई के साथ अच्छे स्ट्रोक विकसित करने के लिए प्रोत्साहित करें। एक अच्छी हस्तलिपि कौशल होने के साथ-ही-साथ कला भी है। इसलिए इस कला को आनंदमय आदत के तौर पर अभ्यासित करें।
- उनसे ग्रीटिंग काड्‌र्स या आमंत्रण-पत्रों पर लिखवाएँ, जिससे उनका हस्तलिपि कौशल अच्छा होने को धार मिले।

□

25

ट्यूशन की आदत

शिक्षा के दो उद्देश्य हैं—(अ) बच्चे को वह कौशल सीखना ताकि वह जीवनयापन कर सके (ब) उन्हें जीवन जीना सिखाना। विडंबना है कि अंकों, ग्रेड्स, प्रतिशत के लिए गला-काट प्रतिस्पर्धा बच्चों के बीच ही नहीं, बल्कि अभिभावकों के बीच भी है। आधुनिक शिक्षा का उद्देश्य उच्च अंक लेना है, जिसने शिक्षा, अर्थात् सीखने के वास्तविक उद्देश्य को धूमिल कर दिया है। हम इसकी परवाह नहीं करते कि बच्चा विषय को कितना समझ सका है, बल्कि इसकी अधिक परवाह करते हैं कि उसे उस विषय में कितने अंक मिले हैं? इस अंकों की दौड़ के युग में अभिभावक अपने बच्चों की ट्यूशन के सहारे हैं। इससे पहले केवल कमजोर छात्र ही ट्यूशन लिया करते थे। लेकिन आजकल ट्यूशन कक्षाएँ स्कूलों का ही विस्तार हो गई हैं। कई बार तो छात्र स्कूल से ज्यादा समय ट्यूशन कक्षाओं में बिताता है। ट्यूशन की आदत न तो पूरी तरह खराब है और न स्वभावतः अच्छी। यह बच्चे के सीखने के स्तर, स्कूल के शिक्षकों के प्रयास, अभिभावकों की भूमिका, उनकी वित्तीय क्षमता, स्पर्धा के स्तर जैसे अनेक कारकों पर निर्भर करता है।

ट्यूशन लेने के कारण

- बच्चे को स्कूल में पढ़ाया समझ नहीं आना।
- शिक्षक द्वारा स्कूल में ठीक तरह से नहीं पढ़ाना।
- परीक्षा पास करने के लिए या परीक्षा में उच्च/अच्छे अंक पाने के लिए।

- अभिभावकों का फैसला।
- इस होड़ में सहपाठी और मित्र भी ट्यूशन जाते हैं।

ट्यूशन की आदत

- स्कूली शिक्षण के अलावा छोटे समूहों में शिक्षा लेना।

ट्यूशन के फायदे

- हर बच्चे का सीखने का अनुभव व्यक्तिगत व विशिष्ट होता है। इसमें उसे शिक्षक-छात्र के सीधे संपर्क से मदद मिलती है, जो स्कूलों में शिक्षक-छात्र दर अधिक होने के कारण अकसर नहीं हो पाता।
- बच्चे का अकादमिक प्रदर्शन सुधरता है और सीखने के प्रति उसके नजरिए में भी सुधार होता है।
- कार्य व अध्ययन की आदतों में सुधार होने के साथ ही बच्चे के आत्म-सम्मान और आत्म-विश्वास में भी सुधार होता है।
- पाठ्यक्रम का दोहराव होने से उसे अच्छी तरह समझने और सीखने में मदद मिलती है।

नुकसान

- छात्र का बहुत सा समय ट्यूशन में गुजर जाता है। उसे अध्ययन बोझ लगने लगता है और ट्यूशन की एकरसता एवं बोरियत के कारण शिक्षा में उसकी रुचि समाप्त होने लगती है। ट्यूशन में छात्र केवल अकादमिक चीजों के अलावा और कुछ नहीं सीखता; जबकि स्कूलों में सीखने के अन्य प्रारूपों के अलावा सह-पाठ्यक्रम गतिविधियाँ भी होती हैं। अतः यह अधिक तथ्यों और अंकों की स्पर्धा मात्र है।
- उसकी कक्षाओं में दिलचस्पी और ध्यान कम हो जाता है,

क्योंकि बच्चा सोचता है कि उसे यह ट्यूशन पर तो सिखाया ही जाना है। अतः वह आत्मतुष्ट होने लगता है।

- ट्यूशन उसके खेलने, आमोद-प्रमोद और खेल-कूद का समय ले लेता है।
- इससे अभिभावकों का खर्च बढ़ जाता है।

ट्यूशन लेने का फैसला

- अतिरिक्त ट्यूशन लेना रुझान बन गया है। यह कुछ ऐसा है कि ट्यूशन पर उसी चीज के लिए ध्यान देना, जो बच्चे को स्कूल में पढ़ाया जा रहा है। अतः ट्यूशन केवल विषय-केंद्रित होना चाहिए, न कि सभी विषयों के लिए जरूरी है।
- ट्यूशन का सबसे बड़ा विकल्प खुद पढ़ने की आदत है। बच्चे को अध्ययन में आनंद आता है और उसकी शिक्षण में रुचि बनी रहती है। अभिभावकों को खुद पढ़ने को बच्चे की मूल आदत बनाने का प्रयास करना चाहिए।
- एक और तरीका अभिभावक का बच्चे को हर दिन कम-से-कम 45 मिनट खुद पढ़ाना है। इस तरह वे किसी भी ट्यूटर की बनिस्बत बच्चे की जरूरतों को ज्यादा बेहतर ढंग से समझ सकेंगे।
- सीखने का सबसे अच्छा तरीका मनोरंजन द्वारा सीखना होता है। अभिभावकों को उसके पाठ्यक्रम को व्यावहारिक चीजों के साथ जोड़ने का प्रयास करना चाहिए; जैसे उसे ऐतिहासिक फिल्में दिखाएँ तथा **डिस्कवरी, हिस्ट्री** जैसे शिक्षाप्रद एवं ज्ञानपूर्ण चैनल दिखाएँ। उसके लिए **स्पेलिंग गेम, लर्निंग मैथ्स गेम** जैसे विभिन्न शैक्षणिक गेम्स डाउनलोड करें। □

26

परीक्षा में सफलता की आदत

हर बच्चे को स्कूल में आयोजित होनेवाली परीक्षाएँ पास करनी होती हैं, फिर चाहे वह कोई भी पैटर्न या स्कूल बोर्ड हो। नियमित अंतराल पर परीक्षा लेने का उद्देश्य बच्चे कि शिक्षा और समझ के स्तर को जाँचना होता है। यह उनके सीखने की परीक्षा होती है। हमारे बच्चों का शिक्षण स्तर उनके भाषा-कौशल, योग्यता, आलोचनात्मक सोच, सामान्य ज्ञान या विशिष्ट विषयों की परीक्षा द्वारा जाँचा जाता है। हमारी शिक्षा व्यवस्था के साथ-साथ कक्षा की पढ़ाई दोनों ही मोटे तौर पर परीक्षा-उन्मुख होती हैं। कक्षा की पढ़ाई का उद्देश्य बच्चे को आगामी परीक्षाओं के लिए तैयार करना और परीक्षाएँ अच्छे अंकों से पास करना है। बच्चों को कक्षा में परीक्षा की दृष्टि से पढ़ाया जाता है। हम मौजूदा परीक्षा व्यवस्था को नापसंद कर सकते हैं, लेकिन यह हमारी शिक्षा व्यवस्था की अपरिहार्य वास्तविकता है और यही पेशेवर एवं गैर-पेशेवर कोर्स तथा प्रतिस्पर्धात्मक परीक्षाओं में भी होता है। एक बच्चा 12वीं कक्षा समाप्त होने तक 72 से भी ज्यादा परीक्षाएँ दे चुका होता है! बच्चे के लिए परीक्षाएँ 'दानव' के जैसी होती हैं। कई बार बच्चा इन परीक्षाओं में अच्छा प्रदर्शन नहीं कर पाता, इसलिए नहीं कि उसने पढ़ाई नहीं की थी, बल्कि इसलिए, क्योंकि उसमें वह कौशल और आदतें नहीं होतीं, जो परीक्षाओं में सफलता के लिए आवश्यक हैं। आगे ऐसी ही कुछ आदतों का जिक्र है, जो बच्चे को परीक्षाओं का सामना करने और अच्छे ग्रेड्स से 'क्रैक' कर सकने में सहायक हैं।

आदत

परीक्षा में सफलता की आदत एक कला और कौशल दोनों है, जो बच्चे को अच्छे ग्रेड्स, स्कोर, अंक या प्रतिशत पाने में मदद करता है। इसके तीन घटक हैं—(अ) परीक्षा के लिए तैयारी कैसे करें, (ब) परीक्षा के दिन के लिए कौशल, (स) परीक्षाओं में प्रभावी रूप से कैसे लिखें?

परीक्षा में खराब प्रदर्शन के कारण

बच्चों के परीक्षा में खराब प्रदर्शन के निम्न कारण अभिभावकों की आँखें खोल देनेवाले होंगे—

- संभव है कि बच्चा परीक्षा के लिए निर्धारित पाठ्यक्रम न पढ़ रहा हो।
- परीक्षा का भय या एग्जामिनेशन फोबिया, जो बच्चे को प्रभावित करे।
- बच्चे पर उसके साथियों से बेहतर प्रदर्शन करने का दबाव हो सकता है या उस पर उसके अभिभावक का उच्च अंक या ग्रेड लाने का दबाव हो सकता है। वह अंकों की दौड़ का शिकार हो सकता है, जिसमें अंक ही उसकी बुद्धिमत्ता का पैमाना माना जाता है।
- बहुत अधिक टेस्ट व परीक्षाएँ बच्चे में तनाव उत्पन्न कर देते हैं। मात्र तीन घंटे में बच्चे के ज्ञान की परीक्षा के अनेक अस्थिर कारक होते हैं।
- परीक्षक बच्चे के ज्ञान का मूल्यांकन और उस पर फैसला केवल पाठ्यक्रम तथा तय समय में प्रस्तुत लिखित सामग्री के आधार पर लेता है।
- खराब हस्तलिपि।
- बच्चा परीक्षा में लिखने के लिए जरूरी कला, कौशल एवं प्रभावी आदत के बारे में नहीं जानता हो।

परीक्षा में सफलता की आदत विकसित करना

- चूँकि बच्चे के सीखने और ग्रेडिंग की पूरा मूल्यांकन छात्र के परीक्षा देने के तरीके पर निर्भर होती है, इसलिए बच्चे की हस्तलिपि को खूबसूरत बनाना जरूरी है। परीक्षक पर पहला प्रभाव हस्तलिपि का होती है। अगर बच्चे की लिखावट प्रभावशाली न हो तो अच्छे अंक मिलने की संभावना कम हो जाती है। यही बात उच्च कक्षाओं और प्रतिस्पर्धी परीक्षाओं पर भी खरी उतरती है, जहाँ व्यक्तिपरक और वर्णनात्मक प्रकार के सवाल होते हैं। उदाहरण के लिए, आई.ए.एस. की परीक्षा का दूसरा स्तर पूरी तरह वर्णनात्मक और कथात्मक होता है।
- उच्च अंकों के लिए गला-काट प्रतिस्पर्धा और अभिभावकों की उम्मीदें अधिकतम होती हैं। अगर बच्चे के अंक कम आएँ तो इससे उसे अपराध-बोध हो सकता है। यह दबाव बच्चे को अनेक बुरी प्रवृत्तियों की ओर धकेल सकता है। अभिभावकों को बच्चों को अच्छे प्रदर्शन के लिए प्रोत्साहित अवश्य करना चाहिए, लेकिन उन पर दबाव न बनाएँ। अभिभावकों की भूमिका है कि वे सकारात्मक वातावरण का निर्माण करें और बच्चे को प्रतिस्पर्धाओं एवं परीक्षाओं का सामना करने में मदद करें।
- इसका सबसे अच्छा तरीका घर पर तनाव-मुक्त और आरामदेह वातावरण में कृत्रिम परीक्षाएँ और टेस्ट लेना है। बच्चे को खुद परीक्षक बनकर, खुद अपने टेस्ट को जाँच कर तदनुसार अंक देने को कहें। उन्हें गलतियों को रेखांकित करने तथा टिप्पणियाँ लिखने को कहें। उन्हें हस्तलिपि के लिए अंक देने, समय पर पेपर पूरा करने, उत्तर की लंबाई और सही उत्तर हेतु अंक देने के लिए प्रोत्साहित करें।
- अधिकांश बच्चे वह उत्तर देते हैं, जो वे जानते हैं, बजाय इसके

कि जो प्रश्न पूछा गया हो। बच्चे को पहले तीन बार प्रश्न पढ़ने दें और यह समझने दें कि क्या प्रश्न पूछा गया है और क्या नहीं पूछा गया है। परीक्षक जानना चाहता है कि क्या बच्चा यह समझ सका है कि उससे क्या पूछा जा रहा है ? उसे मानसिक रूप से उत्तर लिखना सिखाएँ, जिसमें उसे लिखने के पूर्व मुश्किल से 10 सेकंड का समय लगेगा। समय-प्रबंधन और सभी उत्तर पूरे लिखना बच्चे के अच्छे अंक पाने की कुंजी है।

- बच्चे को टेस्ट में लिखना सिखाएँ—न केवल परीक्षाओं के दिनों में, बल्कि इसे उसके साप्ताहिक कार्य का हिस्सा बनाएँ। उसे मानसिक रूप से उत्तर बनाना सिखाएँ।
- एक रात पहले बच्चा गहरी नींद सोए। परीक्षा से पहले वह हलका भोजन करे। वह इस अहसास के साथ परीक्षा देने जाए कि यह बस, केवल उसकी शिक्षा की जाँच है, न कि जीवन की।

□

27

अच्छे दोस्त चुनने की आदत

कहा जाता है कि व्यक्ति का व्यक्तित्व उन पाँच लोगों का औसत होता है, जिनके साथ वह अपना अधिकांश समय बिताता है। बच्चों के लिए भी यह बात उतनी ही खरी उतरती है। इतना कि बच्चे की पहचान उसके दोस्तों और साथियों से बनती है, जिनके साथ वह रहता है। संक्षेप में कहें तो उनकी संगति कैसी है? किशोरावस्था में बच्चे का अधिकतर समय अपने अभिभावकों की जगह दोस्तों के साथ गुजरता है। उसके सबसे महत्त्वपूर्ण विचार, प्रभाव और छाप उसके साथियों एवं दोस्तों की ही होती है। साथियों का दबाव सकारात्मक और नकारात्मक दोनों ही तरह का हो सकता है। अभिभावकों के लिए एक सबसे महत्त्वपूर्ण, लेकिन सबसे कठिन काम बच्चे को यह सिखाना होता है कि वह किसके साथ दोस्ती करे।

मूल्य

इससे बच्चा यह चुनता है कि उसे किसके साथ दोस्ती करनी है।

संगति का महत्त्व

- केवल सबके साथ रहकर ही बच्चा सामाजिक अस्तित्व विकसित कर पाता है।
- ऐसे अनगिनत अनुभवजन्य प्रमाण हैं, जिनके अनुसार बच्चे के कार्य, राय, विचार और आदत तथा चरित्र उसी से तय होता है, जैसे दोस्तों के साथ वह रहता है।

- अच्छे दोस्तों से जहाँ उसे जीवन की खुशनुमा स्मृतियाँ मिलती हैं, वहीं बुरे दोस्त जीवन भर की सीख देकर जाते हैं।

दोस्तों का चयन

- बच्चे आमतौर पर कुछ खास गुणों के आधार पर दोस्ती करते हैं, जो उन्हें एक–दूसरे में पसंद आते हों। अच्छा यही है कि बच्चे को खुद चुनने और दोस्त बनाने की अनुमति दें। बतौर अभिभावक आप बच्चों का मार्गदर्शन और निर्देशन कर सकते हैं कि वह किन विशेषताओं को तलाश करे, जैसे निस्स्वार्थ होना अथवा वे दोस्त, जो उनके लिए हानिकारक न हों। आप अपने बच्चे से उसके दोस्तों के बारे में सुन, समझ और संवाद तभी कर सकते हैं, जब वह आपसे खुलकर बात करता हो।
- बच्चे को साथियों के दबाव के नकारात्मक पहलुओं के प्रतिरोध के बारे में सिखाना भी जरूरी है। बच्चे अपने दोस्तों के धूम्रपान, शराबखोरी या नशे के प्रस्ताव के जाल में सहज ही फँस जाते हैं।
- हम जो भी करते हैं, बच्चा उस पर निगाह रखता है। वह अपने दोस्त उसी आधार पर चुन सकता है, जिस तरह हम अपने दोस्तों को चुनते और उनके साथ व्यवहार करते हैं। माता–पिता स्वयं अच्छे और ईमानदार दोस्त बनें, जिससे संभव हो कि आपका बच्चा भी दोस्ती करते समय इसी अहसास को आगे बढ़ाए। अपने बच्चे को सिखाएँ कि अच्छे दोस्त का क्या मतलब होता है; जिससे वह भी अपने दोस्तों का अच्छा दोस्त बन सके।
- अपने बच्चे और उसके दोस्त के बीच विवाद में पक्ष न लें। केवल सुनें, लेकिन पूरा मामला बच्चे को खुद निपटाने दें।
- अपने घर को बाल–मित्रवत् बनाएँ, जहाँ बच्चे और उसके

दोस्तों को आना अच्छा लगे। इस तरह हम देख सकते हैं कि बच्चा किस तरह के प्रभाव ले रहा है और बतौर अभिभावक हम उसका इसके अनुसार मार्गदर्शन कर सकें।

- बच्चे के दोस्तों की संख्या की चिंता न करें। कुछ बच्चे एक ही अच्छे दोस्त को प्राथमिकता देते हैं, वहीं कुछ बच्चे मित्रों के बड़े समूह का हिस्सा बनना पसंद होता है।

□

28

भाई-बहन से स्वस्थ रिश्तों का महत्त्व

सगे भाई-बहन एक ही माता-पिता की संतान होते हैं; जबकि कजन भाई-बहन, चाचा, मामा, बुआ आदि के बच्चे होते हैं। एक परिवार में बच्चा केवल अपने सगे भाई-बहनों के साथ रहता है, जबकि संयुक्त परिवार में उसके साथ सगे व अन्य भाई-बहन भी रहते हैं। भाइयों-बहनों से रिश्ता वह सबसे अहम रिश्ता है, जो बच्चे की मानसिक, भावनात्मक व मनोवैज्ञानिक प्रकृति को प्रभावित करता है। उनमें जहाँ कपड़ों, खिलौनों, टी.वी. रिमोट, उपहारों एवं अन्य भौतिक चीजों को लेकर स्पर्धा, वहीं अभिभावकों, रिश्तेदारों व दोस्तों के ध्यानाकर्षण जैसी मानसिक चीजें और दूसरे से आगे निकलने की इच्छा, बहस और दबाव आदि मानसिक आवश्यकताओं के लिए भी स्पर्धाएँ होती हैं। दोस्तों के बाद बच्चा अपना ज्यादातर समय अपने भाई-बहनों के साथ ही गुजारता है। भाई-बहन सबसे अच्छे दोस्त अथवा सबसे बुरे प्रतिद्वंद्वी भी हो सकते हैं। अतः बच्चे की स्वस्थ परवरिश में भाई-बहन के साथ स्वस्थ रिश्ते होना भी एक महत्त्वपूर्ण पहलू है। इस आदत को विकसित करने का उद्देश्य बच्चे को अपने भाई-बहनों के साथ बड़े होना सीखना है।

महत्त्व

भाई-बहनों के साथ रिश्ता वह है कि वो अपने भाई या बहन के साथ कैसा व्यवहार करता है तथा इस रिश्ते की प्रकृति ही उनके व्यक्तित्व-निर्माण से अविभाज्य होती है।

भाई-बहन से स्वस्थ रिश्तों का लाभ

- भाई–बहन के बीच का रिश्ता बच्चे के जीवन का सबसे लंबा चलनेवाला संबंध है। यह रिश्ता बच्चे को दुनिया का सामना करने के लिए तैयार करता है।
- बच्चा अधिक निस्स्वार्थ बनता है, क्योंकि वह अपनी चीजें, वस्तुएँ और भावनाएँ अपने भाई–बहनों के साथ साझा कर रहा है।
- बच्चे का ऐसा भावनात्मक बंधन बनता है, जिससे उसे समर्थन और एकात्म मिल सकता है।
- भाई–बहन के बीच की स्वस्थ प्रतिस्पर्धा बच्चे को अधिक सक्रिय, शारीरिक रूप से फिट और चुस्त बना सकती है।

भाई-बहन संबंध का विकास

- बच्चे को अपने सहोदर के अच्छे गुण बताएँ। यह भी देखें कि बच्चे में वे कौन से गुण नहीं हैं, जो वह दूसरे बच्चे से सीखना चाहता है। इसके अलावा यह भी जानें कि उन्हें एक–दूसरे में क्या पसंद नहीं है! इस अभ्यास का उद्‌देश्य उन्हें यह सिखाना है कि हर बच्चा खास है और उसमें अच्छे गुण होने के साथ ही कमजोरियाँ भी हैं।
- सप्ताह में एक बार बच्चों से पूछें कि इस सप्ताह उन्हें एक–दूसरे के कौन से काम या चीजें अच्छी लगीं।
- एक और महत्त्वपूर्ण अभ्यास बच्चे से उसकी पसंदीदा पुस्तक, खिलौना या कपड़े एक–दूसरे के साथ साझा करना है। इससे उनमें साझा करने की भावना आएगी।
- उनमें लड़ाई हो जाए तो न तो दखल दें और न ही किसी एक का पक्ष लें। उन्हें अपना मामला अपने आप सुलझाने दें।

- परिवार के लिए एक घंटा अलग से रखें। यह सप्ताह में एक बार परिवार का साथ में रात्रिभोज हो सकता है। इस रात्रिभोज के समय हर चीज पर चर्चा की जा सकती है।

□

29

विपरीत लिंगी का सम्मान

यह ऐसा मूल्य है, जो बच्चे में—विशेष रूप से लड़कों में—जरूरी अंतर्निहित करना चाहिए। इस मूल्य के बिना बाकी सभी मूल्य अधूरे हैं। यह मूल्य महिलाओं का सम्मान करना है। वे सर्जक हैं, जिन्हें ईश्वर ने जन्म देने की जिम्मेदारी सौंपी है। दुनिया की सभी संस्कृतियों में हर जन्म देनेवाली को 'माँ' की संज्ञा दी गई है; जैसे मातृभूमि, पृथ्वी माता आदि। बच्चे को शुरुआत से ही महिलाओं का सम्मान करना सिखाएँ। सम्मान के तीन पहलू हैं। शब्दों द्वारा सम्मान का अर्थ है—उनकी बात 'सुनना', उनकी राय का सम्मान करना तथा स्वीकार करना और उन्हें बराबरी का सम्मान देना। इसका मतलब उन्हें 'कृपया' और 'धन्यवाद' कहते हुए विनम्र रहना। इसका यह भी मतलब है कि उन्हें 'चुप रहो' और 'जाओ यहाँ से' जैसे शब्द न कहना। कार्यों द्वारा सम्मान—बच्चे को महिलाओं को छूने, छेड़ने और घूरने के बारे में बताएँ। साथ ही उन्हें यह भी सिखाएँ कि महिलाओं को न तो मारें और न धमकाएँ। विचारों द्वारा सम्मान का यह भी अर्थ है कि उनके साथ वस्तु जैसा व्यवहार न करें, अर्थात् उन्हें वस्तु न समझें।

मूल्य

महिलाओं का महिला होने और समाज में बराबरी का सदस्य होने के कारण सम्मान करें।

यह आदत क्यों

- यह बुनियादी मानव मूल्य है। महिलाएँ परिवार और समाज के

शेष आधे भाग की प्रतिनिधि हैं। ईश्वर ने सभी को एक समान बनाया है।

- इससे बच्चा सम्मान और सदय होने का मूल्य समझेगा।
- लड़कियों में कुछ स्वाभाविक विशेषताएँ होती हैं, जैसे परवाह करना और मासूमियत। इन मूल्यों का सम्मान करके बच्चा इन मूल्यों को अपने में अंतर्निहित कर सकता है।

लड़कियों के सम्मान का मूल्य सिखाना

- यह आदत बनाने में माताओं की महत्त्वपूर्ण भूमिका है। एक बच्चा अपनी माँ को खुद के साथ व अन्य महिलाओं के साथ जैसा व्यवहार करता देखता है, वह अन्य लड़कियों और महिलाओं के साथ वैसा ही व्यवहार करता है।
- इसके अतिरिक्त, एक बच्चा जिस तरह अपने पिता और परिवार के अन्य पुरुषों को अपनी माँ, उनकी पत्नियों और बेटियों के साथ जैसा व्यवहार करते देखता है, उससे उस बच्चे के लड़कियों के प्रति व्यवहार में काफी फर्क आता है। अगर उनके जीवन में शामिल पुरुष महिलाओं को घूरना, उन्हें देखकर सीटी बजाना या महिलाओं का अपमान करना और उन्हें गलत नामों से बुलाने को ठीक समझते होंगे तो उनके इससे प्रभावित होने की काफी संभावना होती है।
- अपने बच्चे से यह सवाल पूछें—अगर आप पिता हैं तो अपने बेटे को महिलाओं का सम्मान करना कैसे सिखाएँगे? अगर आप माँ हैं तो अपने बेटे को महिलाओं का सम्मान करना कैसे सिखाएँगे?
- स्वयं उदाहरण बनकर उनमें सम्मान का मूल्य अंतर्निहित करें। महिलाओं के सम्मान की शुरुआत माँ के सम्मान से होती है। बतौर अभिभावक हमें अपने बच्चों, अपने माता-पिता, वरिष्ठों

और अन्य वयस्कों तथा विशेष रूप से महिलाओं का सम्मान करना होगा।

- जब आप लड़कों को महिलाओं की तार्किकता या ड्राइविंग क्षमता में कमी या किसी भी अन्य लैंगिक भेदभाव के कारण उनकी आलोचना करते देखें तो उन्हें ऐसा न करने के लिए कहें। उन्हें बताएँ कि लैंगिक भेदभाव कोई अच्छी बात नहीं है।
- हिंसक मीडिया और जहाँ महिलाओं को वस्तु की तरह पेश किया जाए, ऐसे विषयों से उन्हें दूर ही रखें। बच्चों को अश्लील चीजें देखने के दुष्प्रभावों के बारे में बताएँ।

□

30

अभिभावकों का सम्मान और उनका शुक्रगुजार होना

वर्तमान पीढ़ी में अपने अभिभावकों के प्रति व्यवहार में बदलाव साफ दिखाई देता है। हमने बच्चों द्वारा अपने अभिभावकों के निरादर, धमकाने और यहाँ तक कि अपमान करने के अनेक किस्से सुने हैं। इस निरादर के मूल में दो प्रचलित धारणाएँ हैं—(अ) हकदारी की अनुभूति, जिस कारण बच्चे मानकर चलते हैं कि वे अभिभावकों द्वारा दी जा रही हर चीज के हकदार हैं, फिर चाहे वह बेशर्त प्रेम हो या आरामदेह परवरिश, (ब) उन बच्चों द्वारा अपमान, जो अपने लालन-पालन में अभिभावकों के प्रयासों को सराहने में विफल रहे। अभिभावकों की शिथिलता के कारण 'अभिभावकों के सम्मान' का मूल्य विनष्ट और क्षीण हो रहा है, क्योंकि परिवारों के आकार सिकुड़कर एक या दो बच्चों के हो गए हैं। इन दिनों अभिभावक अपने बच्चों को बहुत लाड़-प्यार करते हैं, उनकी माँगें पूरी करते हैं, उन्हें महँगे उपहार दिलवाकर बिगाड़ते हैं और जब बच्चे उनकी अवज्ञा करते हैं या धोखा देते हैं तो अभिभावक शिकायत करते हैं या निराश महसूस करते हैं।

बच्चे में विकसित होनेवाला सबसे बुनियादी मूल्य अभिभावकों के प्रति धन्यवाद, सम्मान, परवाह और प्रेम का भाव होना है। हम इस दुनिया में अपने माता-पिता के कारण ही हैं। हमारे अनेक विचार, मूल्य और अच्छी चीजों के जनक हमारे अभिभावक ही हैं। बच्चे की परवरिश ऐसे वातावरण

में होनी चाहिए कि वह सदा-सर्वदा के लिए अपने अभिभावकों का सम्मान करे। बच्चों के प्रति अभिभावकों का प्रेम विशुद्ध, अनंत और निस्स्वार्थ होता है। अगर किसी बच्चे को अपने माता-पिता से प्रेम नहीं हो तो उसके किसी भी अन्य व्यक्ति से प्रेम करने की कल्पना करना कठिन है। हमारे अभिभावक हमारे लिए अनगिनत चीजें करते हैं और हम उनका ऋण कभी नहीं चुका सकते। यही कारण है कि अनेक धर्मों में माता-पिता को ईश्वर के बराबर माना गया है।

मूल्य

बच्चों को अपने माता-पिता, दादा-दादी, नाना-नानी तथा अन्य वरिष्ठों के सम्मान व प्रेम का मूल्य विकसित करना सिखाना चाहिए।

बच्चों में अभिभावकों के निरादर का कारण

- अगर अभिभावक किसी का निरादर करते हों, भले ही वे उनके बच्चे या उनके अपने माता-पिता या अन्य ही क्यों न हों।
- अगर माता-पिता अपने बच्चों की भावनात्मक आवश्यकताओं को अनदेखा करें।
- बच्चा जैसा है, उसे वैसे स्वीकार न करें या उसे उस खाँचे में फिट करने का प्रयास करें, जैसा अभिभावक चाहते हों।
- अभिभावकों में बेशर्त प्रेम व स्वीकार्यता के पारिवारिक मूल्यों की कमी।
- अगर अभिभावक ईमानदार, सच्चे और खरे न हों।
- पीढ़ीगत अंतर।

अभिभावकों के प्रति प्रेम व सम्मान विकसित करना

- बच्चे से अभिभावकों के छोटे-छोटे काम करवाएँ, जैसे उनके लिए खाना बनाना, उनके साथ मंदिर जाना, उनके साथ समान

रुचि के कार्य आदि; जैसे तैराकी, नृत्य, साइक्लिंग आदि में शामिल होना।

- बच्चे को अभिभावकों के साथ अच्छा समय गुजारने तथा उनके जीवन-अनुभव जानने को कहें। बच्चा अपने अभिभावकों को जो सबसे कीमती चीज दे सकता है, वह है उसका समय।
- अभिभावक उसके रोल मॉडल होने चाहिए। अगर अभिभावक अपने अभिभावकों, अर्थात् बच्चे के दादा-दादी, नाना-नानी का सम्मान करेंगे तो बच्चा स्वत: ही आपका सम्मान करने लगेगा। इसके साथ ही, जब भी संभव हो, बच्चे को उसके अन्य भाई-बहनों, दादा-दादी, नाना-नानी एवं अन्य परिजनों के साथ ज्यादा समय बिताने दें। इससे परिवार में प्रेम व स्नेह का संबंध विकसित होने में मदद मिलेगी।
- अभिभावक बच्चों को अपना सर्वश्रेष्ठ दोस्त बनाएँ। अपने बच्चों के साथ अच्छा समय बिताएँ, जैसे—उन्हें उनके काम में मदद करें, उनके स्कूली जीवन, दोस्तों, स्कूल/कार्यस्थल पर रोजमर्रा के अनुभवों के बारे में और ज्यादा जानें, जो तभी संभव है, जब अभिभावकों को अपने बच्चों के साथ मित्रवत् रिश्ते होंगे।
- बच्चों को रोजाना अपने अभिभावकों को एक खास वाक्य में धन्यवाद देना सिखाएँ, जैसे—'आपका धन्यवाद कि आपने मुझे अच्छे स्कूल में भेजा।' आपका धन्यवाद कि आपने मुझे अच्छा भोजन दिया, 'आपका धन्यवाद कि आपने मुझे प्रेम किया और मेरी देखभाल की' आदि।
- अभिभावकों की सबसे बड़ी गलती, जिसका दोष उन्हीं पर है कि वे बच्चे के साथ 'अच्छा समय' गुजारने का विकल्प महँगे उपहारों को बनाते हैं। ऐसा नहीं होना चाहिए।

- परिवार के लिए व्यक्तिगत समय निकालें। सप्ताह में कम-से-कम एक बार परिवार के सभी लोग एक साथ खाना खाएँ।
- बच्चे को आपके साथ बेशर्त अपनी अनुभूतियाँ बाँटने दें। अगर बच्चा विद्रोही स्वभाव का भी हो तो उसे इतना स्थान अवश्य दें कि वह अपने को अभिव्यक्त कर सके।

□

31

प्रकृति के प्रति सदय होने की आदत

मनुष्य के निवास के लिए केवल दो स्थान हैं—उसका शरीर और पृथ्वी ग्रह। हमारे बचे और जीवित रहने के लिए ये दोनों ही स्थान आवश्यक हैं। बच्चा, जो इस ग्रह का भविष्य है, उसमें प्रकृति के साथ एकात्म होने का मूल्य अंतर्निहित होना ही चाहिए। ग्रह की उम्र लंबी करने का सबसे अच्छा तरीका बच्चों को इसका पोषण करना सिखाना है। जापानी शिक्षा व्यवस्था में '**वन विद नेचर**' (प्रकृति के साथ एकात्म) का विचार समाहित है। '**फिनलैंड में फॉरेस्ट स्कूल**' (वन विद्यालय) की अवधारणा है, जहाँ बच्चे अपने स्कूली दिवस का 95 प्रतिशत हिस्सा खुले वातावरण में खोजते, खेलते और प्रत्यक्ष शिक्षण लेते हैं। बच्चों को अनुमति होती है कि वे धूल-धूसरित हों, झरनों से पानी पिएँ, पेड़ों से फल तोड़ें तथा अपने आसपास की दुनिया में पंछियों की चहचहाहट सुनें। बढ़ते प्रदूषण और पर्यावरणीय असंतुलन के बढ़ते स्तर से अनेक स्कूलों ने अपने स्कूली पाठ्यक्रम में प्रोजेक्ट कार्य के माध्यम से वृक्षारोपण की मुहिम को शामिल किया है।

प्रकृति के प्रति सदय

बच्चा यह समझ सकेगा कि मनुष्य व प्रकृति का सह-अस्तित्व है और वे एक-दूसरे के बिना जीवित नहीं रह सकते। धरती के पोषण का सबसे अच्छा तरीका पेड़ लगाना है। एक और तरीका अपने संसाधनों का संरक्षण तथा भूमि, जल एवं वायु का दोहन या बरबादी न करना है।

प्रकृति के प्रति सदय होने के लाभ

- उसे जीवन भर के लिए शौक और दिलचस्पी का विषय मिलेगा। इससे बच्चा खुश, संतुष्ट और परिपूर्ण होगा।
- कुछ समय डिजिटल हलचल से दूर रहेगा।
- उन्हें स्वस्थ, फिट और मुस्तैद रखता है। अभी हाल ही में हुआ शोध दरशाता है कि प्रकृति के साथ वक्त बितानेवाले लंबी उम्र जीते हैं तथा उन्हें रोग व बीमारियाँ भी कम होती हैं। यूरोप के सभी डॉक्टर **'नेचर वॉक्स'** (प्रकृति की सैर) की अनुशंसा करने लगे हैं।
- प्रकृति की अपनी उपचार, आध्यात्मिक और रहस्यवादी शक्तियाँ हैं, जो बच्चे को पर्यावरण के साथ सामंजस्यपूर्वक रहना सीखने में मदद करती हैं।
- इससे वह एक जिम्मेदार नागरिक बनने योग्य बनता है।

मूल्यों का विकास

- इस आदत को विकसित करने का सबसे अच्छा तरीका बच्चों से पेड़ लगवाना है। इससे वह प्रकृति का मूल्य समझेगा, साथ-ही-साथ उसे पेड़ या पौधा लगाने का प्रत्यक्ष अनुभव हासिल होगा। पेड़ लगाने को पारिवारिक प्रसंग बनाएँ। जब पूरा परिवार पेड़ लगाने में शामिल होगा तो यह आदत स्वत: ही बच्चे के अवचेतन मन में विकसित हो जाएगी। विशेष दिनों, जैसे किसी बुजुर्ग के जन्मदिन पर वृक्षारोपण, त्योहारों के अवसर पर पौधे उपहार में देने से बच्चा अधिक दयालु और प्रकृति के साथ एकात्म होने को प्रोत्साहित होगा।
- बागबानी को आदत बनाएँ। इसमें बच्चे की दिलचस्पी जगाने का सबसे अच्छा तरीका बच्चे को बागबानी सीखने के लिए प्रोत्साहित करना है। मनोरंजक गतिविधि होने पर यह उनमें

पौधों और प्रकृति के प्रति प्रेम उत्पन्न कर सकता है। शुरुआत घर में सब्जियों का बगीचा बनाने से करें और बच्चे को भी इस कार्य में भागीदार बनाएँ।

- उन्हें न्यूनतम उपयोग का मूल्य समझाएँ। प्रकृति को बचाने का सबसे अच्छा तरीका न्यूनतम संसाधनों का उपयोग है, फिर चाहे वह पानी हो, हवा हो या जमीन। हमें उन्हें सिखाना होगा कि हमारी पृथ्वी माता न केवल उनकी है, बल्कि उनकी भावी पीढ़ियों के लिए भी है।
- बच्चे को बढ़ते प्रदूषण के स्तर के प्रति जागरूक करना होगा तथा प्रदूषण नियंत्रण पद्धतियों के प्रति भी अवगत करवाना होगा। संपोषणीयता के तीन तत्त्व रीड्यूस, रीयूज और रीसाइकल हैं, सुनिश्चित करें कि आपके घर में कूड़ेदान हो और बच्चे को पानी व अन्य वस्तुओं को रीसाइकल करना सिखाएँ।
- उसे पक्षियों और पशुओं के प्रति दया का मूल्य सिखाएँ। मनुष्यों का इस ग्रह के अन्य प्राणियों के प्रति सह-अस्तित्व ऐसा मूल्य है, जो दीर्घावधि में उसे प्रकृति से एकात्म बनाता है। उनकी दिलचस्पी जगाने का एक तरीका उन्हें **डिस्कवरी, एनिमल किंगडम** और **नेशनल ज्योग्राफिक** जैसे चैनलों पर **'मैन वेज वाइल्ड'** जैसी सीरिज दिखाना है।

□

32

आभार की आदत

हम, साथ ही हमारे बच्चे भी जीवन को सहज स्वीकार्य मानते हैं। हमारे पास बहुत सी भौतिक चीजें हैं, जैसे—अच्छा भोजन, कपड़े, सुंदर घर, अच्छी कार या अच्छा स्वास्थ्य, शिक्षा, परिवार और अच्छे शौक जैसी अमूर्त चीजें आदि। एक बार कोई बच्चा अपने जूतों से अप्रसन्न था और उस पर कुढ़ता रहता। अचानक एक दिन उसने ऐसा गरीब बच्चा देखा, जिसके पैर ही नहीं थे! वह अवाक् रह गया और तभी उसे अहसास हुआ कि उसके पास कितना कुछ है! आभार ऐसी आदत है, जिसमें बच्चा उन सभी प्रचुरताओं व समृद्धि के लिए कृतज्ञ रहता है, जिनका वह जीवन में आनंद ले रहा है। आभार कृतज्ञ होना है, जो कई बार दुःख और पीड़ा की अनुपस्थिति के लिए होता है। आभार ऐसी आदत है, जो जीवन के प्रति बच्चे का दृष्टिकोण बदल सकता है। उसमें पूरे सोच-विचार के साथ 'आभार की आदत' विकसित करनी होगी, जिसे वह रोज कर सके।

आदत

बच्चे के पास भौतिक या आध्यात्मिक जो भी है, उसके लिए आभारी बनाना।

आभार की आदत के लाभ

- दिन की शुरुआत सकारात्मक होती है और बच्चे का मूड अच्छा रहता है।

- बच्चे को पता रहता है कि जीवन में उसके पास क्या है और वह उस प्रचुरता व समृद्धि के प्रति जागरूक रहता है।
- बच्चे को खराब मूड, उतार-चढ़ाव, भावनात्मक विस्फोट और नकारात्मक हालात को सँभालने के लिए अधिक शक्ति देता है।
- कुढ़न की आम आदत का सबसे अच्छा रामबाण इलाज। यह बच्चे को प्रसन्न और आशावादी बनाता है।
- सकारात्मक विचार आते हैं, खासतौर पर तब, जब वह अपने से विपन्न लोगों को देखता है।
- बच्चा अधिक मित्रवत् व सामाजिक बनता है, क्योंकि वह जब भी किसी के प्रति आभार जताता है, दूसरा व्यक्ति इसकी प्रशंसा करता है।

आभार की आदत विकसित करना

- बच्चे को सुबह उठकर बिस्तर छोड़ने से पहले पाँच खास प्रतिज्ञापन के लिए कहें। ये प्रतिज्ञापन इस तरह हो सकते हैं, जैसे—मैं ईश्वर का आभारी हूँ कि 'मैं जीवित व जाग्रत् हूँ', 'मैं स्वस्थ और फिट हूँ', 'मेरे माता-पिता परवाह करनेवाले हैं', 'मेरे बहुत प्यारे भाई-बहन और परिजन हैं', 'मेरा इतना अच्छा परिवार है', 'मेरा इतना अच्छा स्कूल और अच्छे दोस्त हैं', 'मैं ऐसे दिन बिताता हूँ, जो किसी भी दूसरे दिन से अच्छा है', 'मेरे पास अच्छे कपड़े, खिलौने, गेम्स, टी.वी. आदि हैं।'
- उसे सभी अच्छी चीजों की सूची बनाने को कहें, जैसे—नया उपहार, नए दोस्त, बेहतरीन छुट्टियाँ आदि; और उन चीजों की सूची बनाने के लिए भी कहें, जो दूसरों के पास नहीं हैं।
- बच्चे को अपने जीवन की उनसे तुलना करना सिखाएँ, जो भौतिक रूप से उनसे विपन्न हैं और जब बात विकास की आए

तो उनसे तुलना करें, जो सफलता के मामले में उनसे आगे हैं।

- हमें सबसे पहले ईश्वर को धन्यवाद देना चाहिए, जिन्होंने हमें इस शानदार जिंदगी से नवाजा है। बच्चों को उनका उस धन व संपत्ति के लिए भी धन्यवाद देना चाहिए, जो हमें व हमारे परिवार को मिली है। यह अच्छा स्कूल भी हो सकता है, जिसमें आप जाते हैं या बेहतरीन स्कूली सहपाठी, शिक्षक या मित्र, जो आपको जीवन में मिले हैं।
- बच्चे इसके लिए भी अहसानमंद हो सकते हैं कि उनके अभिभावक के पास अच्छी नौकरी है, जिससे वे उन्हें ऐसी वित्तीय सुरक्षा दे सकते हैं, जो उन्हें अपनी आकांक्षाओं व सपनों को पूरा करने में मददगार साबित होगी। उन्हें अपने दादा-दादी या नाना-नानी के साथ बिताए गए समय के लिए भी उत्साहित रहना होगा, जो उन पर अपना बेशर्त प्रेम बरसाते रहते हैं। सबसे बढ़कर अच्चों को अपनी माँ की सराहना करनी चाहिए, जो अथक कार्य करके आपके घर व जीवन को आरामदेह बनाती है।

□

33

अपने मन की छँटाई की आदत

छँटाई का मतलब अनावश्यक को हटाना भर है। हमारा मन हमारे विचारों, तसवीरों और खयालों के जमावड़े का कुल परिणाम है। मन की छँटाई का मतलब अनावश्यक विचारों, सूचनाओं, खयालों, लोगों, घटनाओं, वृत्तांतों आदि को मन से निकाल बाहर करना है। मन की छँटाई कैसे करें? ऐसा दो तरह से कर सकते हैं। पहला, मौजूदा विचारों के स्तर से अधिक सकारात्मक और उच्च वस्तु पर केंद्रित होना, जैसे—उच्च लक्ष्य, अभिप्राय और गतिविधि के लिए जीना, जैसे कोई बच्चा, जो क्रिकेटर बनने का सपना देखता है, अपने मन को केवल सफल क्रिकेटर बनने पर ही केंद्रित कर लेता है या जैसे ध्यान द्वारा हम अपने अवचेतन मन के आंतरिक स्वत्व पर केंद्रित हो जाते हैं। दूसरा तरीका उस अनावश्यक व्यक्ति, विचार, जानकारी या घटना को अपनी स्मृति से निकाल देना है।

आदत

मन की छँटाई का मतलब मन से कुछ हटाना या मन को किसी खास विचार में प्रवाहित करना है।

मन की छँटाई के लाभ

- नकारात्मक ऊर्जा निकल जाती है। बच्चा इस अतिरिक्त ऊर्जा का उपयोग अच्छे उद्देश्य के लिए कर सकता है, जो उसे सकारात्मक बनाए।

- बच्चे का जीवन सरल हो जाएगा। वह तनाव-मुक्त रहेगा और अपने जीवन के बुनियादी क्षेत्रों पर केंद्रित रह सकेगा।
- बच्चे को मन की शांति और धीरज मिलेगा।
- बच्चे को अपने आप से जुड़ने में मदद मिलती है, जहाँ वह अपने आप से सकारात्मक संवाद कर सकता है।

मन की छँटाई

- दैनिक आधार पर जीवन के कम-से-कम एक बुरे अनुभव को माफ करने का प्रयास करें; जैसे किसी ने तीन साल पहले आपको भला-बुरा कहा था, उस व्यक्ति को देखकर बच्चे को वही याद आ जाता है। एक दिन अचानक आप विचारपूर्वक मन-ही-मन उस व्यक्ति को माफ करने का फैसला कर लेते हैं। इस तरह आप धीरे-धीरे उस व्यक्ति और उस घटना को भूल जाते हैं।
- अतीत की विशिष्ट अप्रिय घटना को भूलने का प्रयास करें, जैसे कि किसी ने आपकी भावनाओं से खेला था। उस व्यक्ति को भूल जाएँ और उसे अपनी संपर्क और स्मृति सूची से मिटा दें। इससे धीरे-धीरे आप उस व्यक्ति को भूल जाएँगे। कई बार भूलना ही माफ करना होता है।
- जीवन की कुछ बुरी घटनाओं को भाग्य से पूर्व निर्धारित मान लें। जीवन में कुछ चीजों को वैसे ही स्वीकार कर लें, जैसी वे हैं।
- दूसरों के साथ अपनी भावनाओं को साझा कर बोझ हलका करें। अगर आप किसी से भावनात्मक रूप से जुड़े हैं या किसी पर विश्वास करते हैं (आजकल ऐसा व्यक्ति मिलना मुश्किल है) तो अपने विचारों को उनके साथ बाँटने का प्रयास करें।

- कुछ छोटे कदम उठाकर हम बच्चे के मन की छँटाई कर सकते हैं। टी.वी. देखना कम करें! सोशल मीडिया को दिन में आधा घंटे से ज्यादा न दें। हिंसात्मक खबरों जैसी अनावश्यक जानकारियाँ लेना कम करें।
- आपको ओछे संदेश भेजनेवाले या व्हाट्सअप अथवा अन्य सोशल मीडिया पर फॉरवर्ड करनेवालों को ब्लॉक करने का प्रयास करें। अपने फोन की कांटेक्ट लिस्ट में जाएँ। उसमें जिन भी नंबरों पर आपने बीते एक साल में बात न की हो, उन्हें हटा दें।

□

34

फैसले लेने की आदत

परवरिश का एक अहम हिस्सा बच्चे को फैसले लेने की आदत डलवाना भी है। हम आज जो कुछ भी हैं, वह अपने निर्णय और फैसलों के कारण हैं। सफल व्यक्ति को असफल व्यक्ति से यही चीज अलग बनाती है। हमारा कोई फैसला न लेना भी तो एक फैसला ही है! तो बतौर मनुष्य हमारे पास चुनने का विकल्प हमेशा रहता है। उपलब्ध विकल्पों में से चुनने की प्रक्रिया को 'फैसला लेने की क्षमता' कहते हैं। फैसले लेने की यह आदत कोई एक बार का काम या घटना नहीं है, बल्कि एक सतत प्रक्रिया है, जिसे व्यक्ति को हमेशा करते रहना होता है।

आदत

यह उपलब्ध विकल्पों में से सबसे बेहतर को चुनना है, जो पोशाक चुनने जितना छोटा और कॅरियर चुनने जितना बड़ा विकल्प भी हो सकता है।

फैसले लेने के लाभ

- बच्चा ज्यादा जिम्मेदार बनता है। अगर निर्णय खुद उसका होगा तो वह इससे गलत परिणाम मिलने पर न तो प्रतिक्रिया देगा, न झंझट करेगा और न ही दूसरों को दोष देगा।
- बच्चे को जीवन में सक्रिय भूमिका निभाने में मदद करता है। बजाय इसके कि वह अपने साथियों के फैसलों के बहाव में

बहता रहे, वह अपने चयन पर जोर देगा। सही फैसलों से प्राप्त नए आत्मविश्वास से वह न केवल साथियों के दबाव में नहीं झुकेगा, बल्कि दूसरे के दबाव में भी नहीं आएगा।

- यह आदत आलस्य या टाल-मटोल का सर्वोत्तम इलाज है, क्योंकि विकल्प चुनकर वह कार्य की तरफ पहला कदम बढ़ा चुका होगा।
- मानसिक और बौद्धिक क्षमता विकसित होगी, क्योंकि बच्चे को कई विकल्पों में से एक को चुनना होगा।
- किसी फैसले पर पहुँचने से पहले हालात को समझना होगा। इससे उसकी सीखने की क्षमता मजबूत होगी, क्योंकि वह नए रास्ते निकालने की आदत विकसित कर लेगा।
- वह जैसे-जैसे फैसले लेने में माहिर होता जाएगा, अधिक जानकार, आत्मविश्वासपूर्ण एवं स्वतंत्र सामाजिक व्यक्ति बनेगा।
- बच्चे को खुद अपनी ताकत और कमजोरियाँ पहचानने में मदद मिलेगी। यह जागरूकता बच्चे को चुनौतियाँ व समस्याएँ आने पर उनसे जीतने योग्य बनाएगी।

फैसला लेने की आदत कैसे विकसित करें

- बच्चे को छोटी-से-छोटी चीज पर भी उसका चयन या प्राथमिकता अभिव्यक्त करने दें। उसे प्राथमिकता दें और उसे अपना चयन स्वयं करने दें, जैसे कि अपने कपड़े या दैनिक उपयोग की वस्तुएँ अथवा टूथब्रश का रंग या अपने लिए खास साबुन उसे खुद चुनने दें।
- उसे फैसला लेने से पहले कुछ सेकंड रुककर सोचना सिखाएँ। इससे उसे अनेक विकल्प देखने में मदद मिलेगी। अपने बच्चे से सवाल पूछने और विकल्पों के मूल्यांकन के लिए कहें। उसे

समझने दें कि वह क्यों कुछ करना चाहता है और उसके पास अन्य कौन से विकल्प हैं।

- उसे पारिवारिक फैसले लेने की प्रक्रिया में शामिल करें, फिर चाहे वह परिवार का बजट हो या छुट्टियों का स्थल, स्कूल का विकल्प हो, खेल, कॅरियर आदि कुछ भी हो। इसका सबसे अच्छा तरीका बच्चे को उत्प्रेरक व काल्पनिक हालात बताना है, जिसमें वह कम-से-कम मानसिक स्तर पर चयन या फैसला कर सके; जैसे मान लीजिए कि वह पिता है तो वह अपने बच्चों के साथ कैसे समय बिताएगा और परिवार का बजट कैसे बनाएगा आदि।
- उसे पैसे और किराने के सामान की सूची दें और थोड़ी दूर से देखें कि वह कैसे खरीदारी करता है! देखें कि क्या वह सेल में लगी विभिन्न वस्तुओं के दाम की जाँच करता है ? उसके बजट से ज्यादा की खरीदारी कर लेने पर आप बिल काउंटर पर बिना उसकी भावनाएँ आहत किए सकारात्मक तरीके से उसकी सहायता कर सकते हैं। यह प्रायोगिक सबक उसे प्राथमिकताएँ तय करने और सोच-समझकर चयन करने में मदद करेगा। □

35

रचनात्मकता की आदत

रचनात्मकता का अर्थ 'दायरे से बाहर' सोचना, कोई असामान्य तरीका निकालना, मौलिक विचारों का आविष्कार और प्रदर्शन करना है। शोध बताते हैं कि हर मनुष्य रचनात्मक है और रचनात्मकता जन्मजात होती है तथा यह मनुष्य होने की सबसे महत्त्वपूर्ण विशेषता है। शोध कहता है कि हर मनुष्य जन्म से ही रचनात्मक होता है! बच्चा स्कूल जाने से पहले ही अपने सपनों या कल्पनाओं में रचनात्मकता का गुण दरशाने लगता है। कल्पनाशीलता इतनी शक्तिशाली है कि वह अपनी कल्पनाशीलता का इस्तेमाल अपने तकिए को खिलौना या एरोप्लेन या पानी का जहाज या सवारी के घोड़े मानने में कर सकता है! उसकी कल्पनाशीलता की कोई सीमा नहीं है। धीरे-धीरे वह स्कूल जाना शुरू करता है, जहाँ उसे सबके जैसा बनना सिखाया जाता है। उसे अलग तरह से नहीं, बल्कि समाज उससे जो चाहता है, वही सोचना सिखाया जाता है। हमारी मौजूदा शिक्षा व्यवस्था आमतौर पर दिवास्वप्न, कल्पनाओं और अपूर्णता को कमतर मानती है; जबकि ये सब वही गुण हैं, जिन्हें बुद्धिमान व्यक्तियों ने क्रांतिकारी विचारों की कुंजी बताया है। बच्चे की रचनात्मक क्षमता की जगह पूर्व निर्धारित पाठ्यक्रम का पालन करना ले लेता है, जो उसके अन्य संज्ञानात्मक पहलुओं को नियंत्रित कर देता है। शिक्षा और परवरिश का अंतोतत्वा उद्देश्य आपके बच्चे में जो विशिष्ट और रचनात्मक है, उसे बाहर लाना है।

रचनात्मकता की आदत

यह बच्चे को उसकी अपनी शक्तिशाली कल्पनाशीलता या सोच द्वारा 'दायरे से बाहर' या अलग तरह से सोचने के काबिल बनाना है।

रचनात्मकता के लाभ

- सोच को प्रोत्साहित करने के साथ ही समस्या-निवारण सीखने में भी सहायक है।
- बच्चा एकरस सोच से मुक्त हो जाता है और तनाव-मुक्त रहता है तथा नए विचारों को आजमाता है।
- समाज के सिखाने से 'मुक्त' रहता है। रचनात्मकता बच्चे को भिन्न बनाती है।
- किसी भी चीज को सुलझाने के लिए अपने सोच-विचार की पड़ताल करते हुए उसे खुद अपनी ताकत और कमजोरियाँ ज्ञात हो जाती हैं।
- दुनिया के सभी महान् व्यक्ति रचनात्मक रहे हैं। इनमें न्यूटन, आइंस्टाइन, जुकरबर्ग जैसे अग्रणी लोग शामिल हैं।

बच्चे में रचनात्मकता की आदत को प्रोत्साहन

- बच्चे को कुछ खास मुद्दों पर बिना अभिभावकों के अनुबोधन या निर्देशन के स्वतंत्र होकर सोचने दें। अपने बच्चे से वैकल्पिक समाधान निकालने को कहें।
- बच्चे को मौलिक और विपरीत विचारों को भी जानने दें, जैसे कि अगर लोगों को लगता है कि हमें धरती पर गगनचुंबी इमारतें बनानी चाहिए तो बच्चे से उसके उलट संभावित अवधारणाएँ, जैसे भूमिगत गगनचुंबी इमारतें बनाने पर बहस करने के लिए कहें।
- बच्चे के कोई असामान्य विचार या खयाल पर उसे डपटें नहीं।

उसे यह न कहें कि क्योंकि पुस्तकों में यह नहीं लिखा, इसलिए उसका जवाब गलत है। उसे जवाब देने के लिए ज्यादा समय देकर उसके विचारों को हवा दें।

- बच्चे को विभिन्न रचनात्मक कार्यों से जोड़ें। घर पर रचनात्मक कार्यों और गतिविधियों के लिए माहौल बनाएँ, जैसे कहानी लिखना या चित्र अथवा स्केच बनाना आदि।
- बच्चे को फंतासी से संबंधित या काल्पनिक किरदारों से संबंधित पुस्तकें पढ़ने के लिए प्रोत्साहित करें, जिसमें उनके असामान्य नाम हों और जो सामान्य से अलग किस्म का जीवन जीते हों, जो सामान्य मानव अस्तित्व से बिल्कुल अलग हो।
- बच्चे को उन विचारों और स्थानों से परिचित करवाएँ, जहाँ से वह वैकल्पिक उत्तर तलाश सकता है। उसे लाइब्रेरी, म्यूजियम या एनिमल सफारी अथवा देश के किसी और राज्य में घुमाने ले जाएँ।
- उसे बताएँ कि शिक्षा का उद्‌देश्य केवल रटना और अच्छे नंबर लाना ही नहीं है, बल्कि उसके भीतर की रचनात्मकता को बाहर लाना है, जिससे वह अपने आसपास की दुनिया को समझ सके।
- उसे रचनात्मकता से संबंधित पुस्तकें, जैसे **'द एजाइल माइंड'**, **'हाऊ योर ब्रेन मेक्स क्रिएटिविटी हैप्पन'** आदि पढ़ने को कहें।

□

36

अपनी उपलब्धियों को सराहने की आदत

एक सबसे आसान, लेकिन शक्तिशाली आदत अपनी उपलब्धियों को सराहने की आदत है। हम जब भी अपने आप को सुधारने की ठानते हैं, एक विचार हमारे मन में कौंध जाता है—क्या हमने अब तक का अपना अनमोल समय और जीवन व्यर्थ गँवाया है ? ऐसा सोचना उचित है, जब हम यह महसूस करें कि दुनिया के मानदंडों पर हम उम्मीदों पर खरे नहीं उतरे। तथ्यात्मक रूप से यह गलत है, क्योंकि हम सबकी अपनी विशिष्टताएँ हैं। हमें अतीत की अपनी हर उपलब्धि की सराहना करनी चाहिए और अपने को वे सभी अच्छी चीजें याद दिलाते रहना चाहिए, जो हमारे जीवन में हुई हैं। हर बच्चे ने कुछ-न-कुछ किया या पाया होता है या किसी अन्य क्षेत्र में या कुछ अलग होता है—जो भावनात्मक, भौतिक या वास्तविक हो सकता है और वित्त, परिवार, पेशे, व्यक्तिगत, स्वास्थ्य या फिटनेस के क्षेत्र से संबंधित हो सकता है। इससे बच्चे की मानसिकता को सचमुच बदला जा सकता है। वह जीवन में कोई उपलब्धि न होने की जगह गति से भरपूर जीवन तथा शानदार उपलब्धियों में बदल जाएगा! हमें बच्चे को अपनी उपलब्धियों पर केंद्रित होना तथा उनकी सराहना करना सिखाना ही होगा।

आदत

इससे बच्चे ने अपने जीवन में जो भी सकारात्मक किया है, वह उसे स्वीकार करने और सराहना करने लगेगा।

बीती उपलब्धियों को स्वीकारने के लाभ

- बच्चा अपने अतीत को सकारात्मक रूप से स्वीकार करेगा। इससे वह खुद भी सकारात्मक हो जाएगा। उसे अहसास होगा कि उसका जीवन निरर्थक नहीं है, बल्कि सकारात्मक सफलताओं से भरा है, भले ही वे कितनी भी छोटी हों। इससे जीवन में कुछ भी सार्थक न कर पाने का उसका पछतावा दूर हो जाएगा।
- इससे बच्चे को जीवन में अधिक-से-अधिक हासिल करने की प्रेरणा मिलेगी, क्योंकि उसे विश्वास होगा कि वह जीवन में पहले भी बहुत कुछ हासिल कर चुका है।
- इससे उसमें यह विश्वास की भावना आएगी कि वह उन लोगों से बेहतर है, जिन्होंने प्रयास तक नहीं किया। इससे वह कार्योन्मुख तथा उपलब्धि-उन्मुख हो जाएगा।
- इससे बच्चा उपलब्धियों को लेकर दूसरों की जगह खुद अपने से स्पर्धा कर सकेगा।
- अतीत को स्वीकार करके बच्चा अपने अतीत का महत्त्व समझ सकेगा। इससे उसे ऐसी सकारात्मक प्रेरणा मिलेगी, जो उसे जीवन में सकारात्मक बनने में मदद करेगी।

इस आदत को विकसित कैसे करें?

- बच्चे को उन सब सकारात्मक गतिविधियों की सूची बनाने को कहें, जो उसने जीवन में की हैं, भले ही वे क्विज कंपटीशन जीतने, स्कूल, टेबल-टेनिस टीम में सदस्य के रूप में चुना जाना, हेड-बॉय या गर्ल चुने जाना, स्कूल कमेटी का सदस्य बनना, सोसाइटी-बिल्डिंग में डांस प्रदर्शन करना, वाद-विवाद प्रतियोगिता जीतना, कठिन दौड़ पूरी करना, शिक्षकों से प्रशंसा पाना, जरूरतमंदों की मदद करना, सहपाठियों के साथ कुछ

साझा करना जैसी छोटी चीजें ही क्यों न हों। उपर्युक्त उदाहरण बहुत छोटी गतिविधियाँ हैं, लेकिन फिर भी उपलब्धियाँ तो हैं। इसमें स्वर्णिम नियम यह याद रखना है कि यह उनका जीवन है और उनकी उपलब्धियाँ हैं और अगर इन गतिविधियों के लिए वह खुद अच्छा महसूस नहीं करेगा तो और कौन करेगा!

- हर रोज बिस्तर पर जाने से पहले बच्चे को एक सकारात्मक गतिविधि के बारे में सोचने के लिए कहें, जो उसने उस दिन में की हो। उसे केवल सफल गतिविधियों के बारे में ही नहीं सोचना, बल्कि कोई भी कार्य करने में किए गए प्रयास के बारे में भी सोचना है, फिर उसका परिणाम चाहे कुछ भी रहा हो। उदाहरण के लिए, बच्चे ने किसी घायल पंछी को बचाने का प्रयास किया हो, हालाँकि वह पंछी बच नहीं सका।

□

37

सुधार की आदत

सुधार—विकास के लिए बुनियादी पूर्व स्थिति है। बच्चा आज जो भी है, वह उसकी आदतों का परिणाम है। उसकी मौजूदा आदतें उसे वहाँ लाई हैं, जहाँ वह है; लेकिन जीवन में प्रगति और विकास के लिए आदतें बनाना और सुधारना आवश्यक है। बच्चे के लिए यह आदत सर्वोत्तम रहेगी कि वह जो कुछ भी करता है, उसमें सुधार करता रहे। सफलता एक धीमी व वृद्धिशील दैनिक प्रगति है, जिससे अकल्पनीय परिणाम मिलते हैं। जहाँ लक्ष्य बच्चे को दिशा देते हैं, वहीं सुधार की आदत उसे मार्ग व प्रगति प्रदान करती है। यह सूक्ष्म प्रगति है, जो बाद में एकत्र होकर शानदार उपलब्धियाँ बन जाती है। अगर बच्चा रोजाना अपनी आदतों को एक प्रतिशत भी सुधार ले तो साल भर में वह उस खास क्षेत्र में 37 गुना सुधार कर लेगा!

सुधार की आदत

सुधार की आदत यह दरशाती है कि बच्चा मात्रा व गुणों के मामले में कितना अधिक सकारात्मक हो सका है। मान लीजिए, बच्चा एक दिन में 10 दंड लगा लेता था तो 1 प्रतिशत के सुधार की आदत का मतलब है—11 दंड लगाना और अलग-अलग तरह से दंड लगाना।

आदत में सुधार के लाभ

- एक प्रतिशत सुधार की आदत मामूली दिखती है, लेकिन इसका यौगिक लाभ अत्यधिक व कई गुना होगा।

- एक छोटा सा सुधार भी नई आदत को बना सकता और बनाए रख सकता है, जो जीवन के सभी क्षेत्रों में प्रवाहित होगा तथा उत्कृष्टता बच्चे का जीवन-दर्शन बन जाएगी।
- बच्चा अच्छी आदतें बनाने के ऊब से बचेगा।
- बच्चे के सुधार के विभिन्न तरीके खोजते रहने से उसके जीवन में विविधता आएगी तथा रचनात्मकता विकसित होगी।
- जीवन के किसी भी क्षेत्र में आत्मतुष्टि के विरुद्ध रहेगा।

सुधार की आदत का विकास

- बच्चे की अच्छी आदतें पहचानें। उन आदतों पर काम करना आरंभ करें। बच्चे से पूछें कि वह इन आदतों को कैसे सुधार सकता है तथा बेहतर बना सकता है। यह किसी भी क्षेत्र में प्रगति है, भले ही वह कितनी भी छोटी हो। अगर बच्चे को फल खाने की आदत है तो इसमें सुधार का मतलब यह नहीं कि वह दो फल खाने लगे, बल्कि अलग-अलग किस्म के फल खाए। अगर वह केला खाता है तो इसमें सुधार एक और फल, जैसे संतरा या नाशपाती या कटोरा भर मिले-जुले फल खाए। अगर वह 30 मिनट व्यायाम करता है तो इसका यह मतलब नहीं कि व्यायाम का समय बढ़ा दे, बल्कि अधिक प्रबल व विविधतापूर्ण व्यायाम करे।
- उसे उन क्षेत्रों व कार्यों की पहचान करने को कहें, जहाँ वह सिर्फ 1 प्रतिशत सुधार कर सकता हो, भले ही वह उसके कपड़े पहनना, उसका अध्ययन, उसके परीक्षा देने का तरीका या खाना खाने का तरीका आदि कुछ भी हो सकता है।
- उसे मात्रा व गुणवत्ता के मामले में अधिक कार्य करने को कहें। अगर वह रोजाना एक पृष्ठ पढ़ता है तो एक और अनुच्छेद अधिक ध्यान व तीव्रता के साथ पढ़े।

- अगर उसे कोई बुरी आदत हो तो उसकी अच्छी आदत को बुरी आदत के साथ संयोजित करें। अगर वह रोजाना तीन कोल्ड-ड्रिंक पी जाता है तो उसे कोल्ड-ड्रिंक पीने से पहले एक गिलास जूस पीने के लिए कहें।

□

38

अपना जुनून तलाशना

मनुष्य एक भावुक प्राणी है। जब किसी कारण से भावनाएँ तीव्र हो जाएँ तो वे 'जुनून' कहलाती हैं। हर बच्चा नैसर्गिक जुनून के साथ जन्म लेता है। बच्चे में कई चीजों के प्रति रुचि व रुझान हो सकता है; जैसे खेल, चित्रकला, नृत्य, ड्राइविंग, फैशन, अदाकारी, पढ़ना आदि। जब बच्चे को मजबूरन अपने अभिभावकों की महत्त्वाकांक्षा या सपनों को पूरा करना पड़ता है तो इसका अंत आमतौर पर औसत परिणामों के रूप में मिलता है। बिना जुनून के इस दुनिया में कुछ भी बड़ा हासिल नहीं हो सकता। बच्चा अपना जुनून न तलाश सके तो वह कुछ भी करके उसमें औसत रहता है। जुनून एक क्रिया, शौक या ऐसा विचार भी हो सकता है, जिससे बच्चा रोमांचित हो और जोश में आ जाए। वह अपना अबाधित समय, ऊर्जा और ध्यान इस जुनून को दे सकता है, जब तक वह इसमें सफल नहीं हो जाता। अतः परवरिश का प्रमुख उद्देश्य बच्चे के जुनून को तलाशना है।

महत्त्व

यह वास्तविक दिलचस्पी तलाशना है या कुछ ऐसा, जो बच्चे को बिना किसी के कहे कुछ करने के लिए प्रेरित कर दे।

बच्चे का जुनून पहचानने के लाभ

- उसे निश्चित दिशा, उद्देश्य और प्रेरणा मिल जाती है। जुनून बच्चे के पूर्ण व वास्तविक संभावनाओं के अहसास में

मदद करता है। उसका अपना जुनून उसके जीवन को आगे बढ़ानेवाला होता है, न कि वह डर कि उसे अभिभावकों के लिए कुछ करना है।

- बच्चे के लिए पेशे या कॅरियर के विकल्प असीमित होते हैं, जिसमें उसे अपने जुनून को ही अपना पेशा बनाने में मदद मिलती है।
- बच्चे को उसकी मूल शक्ति पर केंद्रित होने में मदद मिलती है, बजाय इसके कि वह दूसरों के सपनों के लिए काम करे।

अपने बच्चे का जुनून तलाशें

- आपको सवाल पूछने होंगे। क्या आपके बच्चे को कुछ करना अच्छा लगता है? क्या वह इस क्षेत्र में बेहतरीन है? क्या बच्चा अधिकांश समय उसकी खास गतिविधि को देता है? क्या कोई ऐसी गतिविधि है, जिसमें बच्चा खुद को प्रेरित महसूस करे? क्या आप बच्चे को उसकी रुचि के क्षेत्र में प्रोत्साहित करते हैं? क्या आप अपने बच्चे को किसी अन्य आकर्षक चीज के लिए उसके जुनून को छोड़ने के लिए कहते हैं, जिसे वह अपना कॅरियर बना सकता है? इन सवालों से आपको अपने बच्चे के संभावित जुनून के बारे में काफी हद तक बुनियादी विचार मिल जाएगा।
- ऐसा बहुत कुछ है, जो बच्चे को करना अच्छा लग सकता है। अभिभावक अपने बच्चे के जुनून को इन्हीं गतिविधियों में तलाश सकते हैं और फिर इसी एक पर केंद्रित रहें। यह कोई खेल हो सकता है या साहित्य, नृत्य, कंप्यूटर गेम आदि भी हो सकता है।
- बच्चे के जुनून को पहचानने का एक और तरीका यह देखना है कि वह अपना अधिकांश समय क्या पढ़ने में लगाता है? बच्चा

किस चीज के बारे में घंटों पढ़ता या ब्राउज करता रहता है?

- आत्मनिरीक्षण एक और रास्ता है, जिससे बच्चे के जुनून को तलाश सकते हैं। अभिभावकों को अपने बच्चे से इस बारे में लगातार पूछते रहना चाहिए कि उसे क्या करने में रुचि है? उसका जुनून पता लगने के बाद उससे इसे कॅरियर बनाने के बारे में बात कर सकते हैं।

□

39

अपने पर विश्वास करना

विश्वास विचारों का ऐसा समूह है, जिसे बच्चा सत्य मानता है। विश्वास विचारों, भावनाओं, खयालों और उस नजरिए का समूह है, जिस पर बच्चा विश्वास करता है। बच्चा अपनी विश्वास व्यवस्था का विकास अपने दृष्टिकोण और अनुभवों के आधार पर करता है, जो व्यक्तिगत, पारिवारिक और सामाजिक होते हैं। उसे ये अनुभव घर, दोस्तों, स्कूल, रिश्तेदारों और सामाजिक परिवेश से मिलते हैं। यह सकारात्मक और नकारात्मक कैसी भी विश्वास व्यवस्था हो सकती है। विश्वास व्यवस्था उसका आंतरिक सॉफ्टवेयर है, जो बुनियादी रूप से उसके चरित्र का सबसे महत्त्वपूर्ण हिस्सा है। बच्चे में अंतर्निहित करवानेवाला एक महत्त्वपूर्ण मूल्य आत्मविश्वास है। बच्चे के विकास में केवल उसका शारीरिक विकास ही नहीं, बल्कि विचार व्यवस्था भी आती है।

महत्त्व

आत्मविश्वास बुनियादी रूप से बच्चे का अपनी क्षमताँओं व फैसलों पर भरोसा करना है।

आत्मविश्वास के लाभ

- यह आंतरिक दिशा-सूचक जैसा होता है, जो बच्चे को संपूर्ण हालात में निर्देशित करता है, भले ही वह सही व गलत का मसला हो या अच्छे व बुरे का।

- अपने पर विश्वास होने से बच्चा बिना किसी झिझक या डर के कोई भी कदम उठा सकता है। आत्मविश्वास से उसका भरोसा बनने में मदद मिलती है।
- इससे वह जीवन की समस्याओं का सामना करने को तैयार हो जाएगा। इससे वह दूसरों को दोष देने की जगह खुद पर केंद्रित होगा।
- इससे बच्चा जोखिम लेने को प्रेरित होगा तथा इससे उसे खुद को सकारात्मक बनाए रखने में मदद मिलने से वह अधिक उत्पादक हो सकेगा।

बच्चे में आत्मविश्वास का विकास

- बतौर अभिभावक आपकी भूमिका उस माली के जैसी है, जो पौधों की सुरक्षा और पोषण करता है तथा समस्याओं को दूर करता है। बच्चा भी पौधे कि तरह है। पौधा बढ़ता तो अपने आप ही है।
- रात को सोने के पूर्व बच्चे को अपने पाँच विशेष गुण, जैसे उपलब्धियों, अच्छे काम, प्रतिभा और क्षमताओं की सराहना करनी चाहिए। इससे उसके अवचेतन मन को रात भर में सकारात्मक तरीके से काम करने में मदद मिलेगी।
- बच्चे को उसकी कल्पना करनी होगी, जो वह अपने जीवन में हासिल करना चाहता है। उसे वह कदम लिखने को कहें, जो वह अपनी मनचाही चीज को पाने के लिए उठा सकता है। उसे अपने आप से वह जो भी पाना चाहता है या मानता है, जो पा सकता है, उससे संबंधित सकारात्मक बातें कहने को कहें।
- बच्चा अधिकांश समय अपने खुद के विचारों के साथ बिताता है। उसके लिए अपने आत्मसम्मान को विकसित करने के लिए; उसे अपने आप से सकारात्मक, समर्थक और प्रेरणादायी

तरीके से बात करने के लिए कहें।

- इस आत्मविश्वास के प्रदर्शन के लिए उसे वह करने को कहें, जिसमें उसे डर लगता हो, जैसे कि अगर उसे अँधेरे से डर लगता हो या वह दूसरों के सामने भाषण न दे पाता हो तो उसे अपने आप में विश्वास की पुनः पुष्टि के लिए दोहराने के लिए कहें, "मैं यह कर सकता हूँ। मैं किसी भी तरह के हालात का सामना करने के लिए तैयार हूँ।" तब वह अपने डर का सामना कर सकेगा। न केवल बच्चा, बल्कि आप भी हैरान रह जाएँगे कि कितनी आसानी से इस डर पर काबू पा लिया जो सकता है!
- अपने बच्चे को जोखिम लेने दें, चयन करने दें, समस्याएँ सुलझाने दें और जो शुरू करते हैं, उस पर कायम रहें। उसे हर विफलता से बचाने का प्रयास न करें। उसे विफलताओं का सामना करके सबक सीखने दें।
- उसके लिए सबकुछ न करें। उसे करने के लिए काम दें, फिर चाहे वह कितना ही छोटा हो, जैसे—अपने लिए कपड़े चुनना, दोस्तों से व्यवहार करना, अपना स्कूल चुनना।
- अपने बच्चे की जरूरत से ज्यादा प्रशंसा न करें। बहुत अधिक प्रशंसा उसे खराब कर देगी और अहंकारी बना देगी।
- बतौर अभिभावक, कभी भी अपने बच्चे की तुलना किसी दूसरे बच्चे से नहीं करें। हर बच्चा खास है और बच्चे की इकलौती स्पर्धा अपने आप से होती है, न कि दूसरे बच्चों के साथ।

□

40

जिम्मेदारी लेने का महत्त्व

अपने शब्दों और कार्यों की जिम्मेदारी लेने का महत्त्व बच्चे के जीवन में आला दर्जे की अहमियत रखता है। जिम्मेदार बनने की क्रिया से न केवल बच्चे को आत्मनिर्भर होने में मदद मिलती है, बल्कि इसके साथ ही अपने सही या गलत कार्यों का पक्ष लेने में मदद मिलती है। अभिभावक फौरन अपने बच्चे के बचाव में आ जाते हैं और समझदार बच्चे अपनी कमजोरियों से वाकिफ होते हैं। अभिभावकों को अपने बच्चों के कार्यों में थोड़ी मूर्खता दिखाई देती है और इस बचाव के चलते अंत में उन्हें बिगड़ैल बच्चा बनाकर अपने बच्चे का भविष्य खराब कर देते हैं।

अपने बच्चों के आगामी जीवन के आधार पर अभिभावकों को तीन श्रेणियों में बाँटा जा सकता है। अभिभावकों की पहली श्रेणी में भाग्य-उन्मुख अभिभावक होते हैं, जो मानते हैं कि उनके बच्चों के साथ जो हो रहा है या होने वाला है, वह होना भाग्य में लिखा था, अतः बच्चे की भूमिका इसमें काफी सीमित है, सिवाय इसके कि वह प्रयास करे। उनका आम नजरिया होता है, "बच्चे वे ही बनेंगे, जो उनके भाग्य में होगा!" दूसरे किस्म के अभिभावक वे होते हैं, जो मानते हैं कि भाग्य कुछ नहीं होता और प्रयास करने से बच्चा जो चाहे वह बन सकता है। उनके लिए वे जो कुछ भी हैं, उन्हीं निर्णयों का परिणाम हैं, जो उन्होंने किए थे। तीसरे दृष्टिकोण वाले अभिभावक मानते हैं कि प्रयासों का अपना महत्त्व है, लेकिन भाग्य की भी अपनी बड़ी भूमिका है। बतौर अभिभावक हमें अपने बच्चे को यही

समझाना चाहिए कि वे किसी और चीज या अदृश्य हाथ का नहीं, बल्कि अपने ही कार्यों, अपनी प्रतिक्रियाओं और चयन का उत्पाद हैं।

आदत

जिम्मेदारी का अर्थ है—सकारात्मक तरीके से प्रतिक्रिया देने की क्षमता। सरल शब्दों में कहें तो इसका मतलब है कि बच्चे को यह बताया जाए कि जो कुछ भी होता है या जो कुछ भी होना है, वह जीवन में उसके चयनों और प्रतिक्रियाओं का परिणाम है।

जिम्मेदारी लेने का लाभ

- बच्चा जिम्मेदार बनता है। उसे अहसास होता है कि वह हालात का उत्पाद नहीं है, बल्कि उन हालात का निर्माता है, जिनका वह सामना कर रहा है।
- वह 'प्रतिक्रिया' की जगह 'क्रिया' करता है। अगर उसे पता लगे कि वह हालात बदल सकता है तो उसके पास केवल यही विकल्प रह जाता है कि काम करके उन्हें बदल डाले।
- वह झुँझलाना या शिकायत न करना सीख जाता है, जो उसके बचपन के दिनों में आम बात थी।
- दूसरों, हालात या परिस्थितियों को दोष देने की जगह बच्चा खुद स्थिति सँभालना सीख जाता है।
- तनाव, घबराहट व तनाव से लड़ना सीखने में सहायक है। इससे उसका आत्मसम्मान और आत्मविश्वास बढ़ता है।
- वह बड़ा होकर एक जिम्मेदार पारिवारिक सदस्य और नागरिक बनता है।

जिम्मेदारी लेने की आदत विकसित करना

- आमतौर पर यही होता है कि बच्चे के गिरने और रोने पर

अभिभावक गुस्से में जमीन को पीटते हैं। वे जमीन को दोष देते हैं, बजाय इसके कि बच्चे को गीली जमीन पर दौड़ने की उसकी लापरवाही के बारे में बताएँ, जिस कारण वह फिसला है। ऐसा रोज होते रहने से बच्चा अपने पर जिम्मेदारी न लेकर दूसरों को दोष देना सीख जाता है।

- बच्चे को सिर पर न चढ़ाएँ और न ही उसे अपने कार्यों के लिए दूसरों को दोष देने दें। भले ही वह विफल रहे, लेकिन इसकी जिम्मेदारी खुद ले।
- उसे अपने कार्यों को स्वीकार करना सिखाएँ। जब इसके परिणाम उम्मीद के मुताबिक या इससे बढ़कर हों तो यह अभिभावकों का काम है कि उन्हें ईमानदारी से आगे आने के लिए प्रोत्साहित करें।
- बच्चे पर छोटी-छोटी जिम्मेदारियाँ डालें, जैसे घर का ताला लगाना, फोन बिल भरने जाना, पड़ोस के स्टोर से किराने का सामान लाना या स्कूल रिसेप्शन पर स्कूल फीस जमा करवाना आदि। अभिभावक को उसकी छोटी-मोटी समस्याएँ सुलझाना बंद करना होगा।

□

41

ध्यान करने की आदत

ध्यान दवा करने से बेहतर है। आधुनिक विज्ञान इसकी पुष्टि करता है। अभिभावकों को बच्चों को एक आदत अवश्य डलवानी चाहिए—ध्यान करने की आदत। ध्यान अपने आप पर केंद्रित होने का तरीका है। अनेक सफल लोगों ने ध्यान की शक्ति का उपयोग किया है। ध्यान करने के इतने लाभ हैं कि कुछ स्कूलों ने ध्यान के लिए एक खास पीरियड रख दिया है। ध्यान के कई प्रारूप हैं, जैसे श्वास अभ्यास, मंत्र जप, योग, भक्तिमय संगीत सुनना आदि। बच्चों के लिए ध्यान का मुख्य प्रकार लविंग-काइंडनेस मेडिटेशन (प्रेम-कृपा ध्यान), बॉडी-स्कैन मेडिटेशन (देह-परिमार्जन ध्यान), माइंडफुलनेस मेडिटेशन (चैतन्य बोध ध्यान) आदि।

ध्यान की आदत

ध्यान वह प्रक्रिया है, जिसके द्वारा हम अपने मन व आत्मा से जुड़ते हैं।

ध्यान के लाभ

- बच्चों में तनाव कम होता है और चिंता, अवसाद व मूड परिवर्तन नियंत्रित होते हैं। यह बच्चे के भावनात्मक स्वास्थ्य को प्रोत्साहित करता है।
- आत्म-जागरूकता बढ़ाता है और कल्याण-भाव, स्मृति एवं

केंद्रण को उत्प्रेरित करता है।

- किसी भी लत से लड़ने में मदद मिलती है, भले ही वह मोबाइल, टी.वी. या कुछ भी हो।
- सकारात्मक विचारों, रोग प्रतिरोधक शक्ति और उम्र को बढ़ाता है।
- नींद में सुधार होता है और मानसिक स्वास्थ्य तेज होता है।

इस आदत का विकास

- बच्चा सुबह नहाने के बाद सबसे पहला काम ध्यान करने का करे। शुरुआत केवल एक मिनट से कर सकता है। सबसे पहला कदम अपनी साँस पर केंद्रित होना है। अगर कोई विचार आए तो उसे आने दें और ध्यान को फिर साँस पर केंद्रित कर लें।
- परीक्षा के तनाव के दौरान ध्यान काफी प्रभावी होता है, अतः बच्चे को तनाव-रहित होने के लिए कुछ देर ध्यान करवाएँ।
- ध्यान तब भी प्रभावी हो सकता है, जब इसे सोने से ठीक पहले करें। इस वक्त हलके संगीत या ध्यान गीत को शामिल किया जा सकता है।
- बच्चे को 'प्राणायाम' नामक विशेष श्वास अभ्यास सिखा और करवा सकते हैं। ध्यान को मंत्र जाप के साथ भी किया जा सकता है। उसे ध्यान कैसे करना है, इससे संबंधित कार्यक्रम टीवी में सप्ताह में एक दिन अवश्य दिखाएँ।
- ध्यान को पारिवारिक प्रसंग बनाएँ। अगर संभव हो तो उसे ध्यान के कुछ मूल कोर्स करवाएँ, जैसे—**आर्ट ऑफ लिविंग, इनर-इंजीनियरिंग, सहज योग** आदि।

□

42

रोज एक व्यक्ति को हँसाने की आदत

हँसी संक्रामक है। यह थेरैपी जैसी है—एक चिकित्सा। किसी को देनेवाली सबसे सुंदर चीज उसके चेहरे पर मुसकान लाना है। इसमें चेहरे के व्यायाम के अलावा और कुछ नहीं लगता! हमें बतौर अभिभावक, अपने बच्चे में यह सरल और विशिष्ट आदत विकसित करनी चाहिए कि रोज एक व्यक्ति को हँसाए।

आदत

यह किसी को भी हर रोज हँसाने की अनियमित क्रिया है।

किसी को हँसाने का लाभ

- जब बच्चा किसी को हँसाता है तो काफी संभावना है कि बदले में उसे भी मुसकान मिले। बदले में मुसकान मिलना बच्चे को खुशदिल और सकारात्मक बना देगा।
- बच्चे के और दूसरे व्यक्ति का भी खराब मूड बदल जाएगा, जिससे व्यक्ति प्रसन्न और आभारी होगा।
- सराहना और समादर का कौशल सीखेगा। शुद्ध मुसकान बच्चे को अधिक प्रिय, आकर्षक, बुद्धिमान और विश्वसनीय भी बना देगी।
- बच्चे को बेहतर रिश्ता बनाने में मदद मिलेगी। अनेक बार दूसरा व्यक्ति केवल ऐसे प्रसंग की प्रतीक्षा कर रहा होता है, जहाँ वह मुसकरा सके।

व्यक्ति को हँसाने की आदत विकसित करना

- बच्चे को दूसरों की अच्छी चीजों की प्रशंसा करना सिखाएँ। एक अकृत्रिम प्रशंसा दूसरों को खुश करने तथा उसके चेहरे पर मुसकान लाने का सबसे अच्छा तरीका है।
- अपने बच्चे को उन तक पहुँचना सिखाएँ, जिन्हें मदद की जरूरत है। अगर उसके दादा-दादी दूर रहते हों तो बच्चा दो दिन में एक बार उन्हें फोन करे और उनकी सेहत के बारे में पूछे।
- अपने बच्चे को केवल अपने माता-पिता और बड़ों के ही नहीं, बल्कि उन सबके साथ भी विनम्र रहना सिखाएँ, जो उनके जीवन में सहायक हैं; जैसे गृह-सेविका, ड्राइवर तथा स्कूल व घर दोनों जगह के अन्य कर्मचारी।
- धन्यवाद कहना, बुजुर्गों की मदद करना, दूसरों की बात सुनने के साथ ही उनकी देखभाल एवं ध्यान रखना तथा सभी का सम्मान करना जैसे कल्याणकारी काम करे।
- इस आदत को अंतर्निहित करवाने का सबसे अच्छा तरीका बच्चे से उसकी कोई चीज किसी जरूरतमंद को दिलवाना है। वह उसके कपड़े, स्टेशनरी या खिलौना—कुछ भी हो सकता है।
- अगर कुछ न दे सकें तो एक सच्ची मुसकान और दूसरे के कल्याण की बात पूछने से भी दूसरे व्यक्ति के चेहरे पर मुसकान आ सकती है।

□

43

मूल्य-आधारित शिक्षण

सरल भाषा में कहें तो सीखना एक ऐसी प्रक्रिया है, जिससे बच्चे के मन में कुछ-न-कुछ दर्ज हो जाता है। यह कोई तथ्य, व्यक्ति, विचार, छवि, मूल्य या भावना हो सकती है। हमारी प्रचलित शिक्षा-प्रणाली मूल्यों की जगह किताबी तथ्यों पर ज्यादा जोर देती है। बच्चे को बुद्धिमान मानने का पैमाना यही है कि उसने कितने तथ्य सीखे हैं! उसका ज्ञान आमतौर पर उतना ही होता है, जितने तथ्य उसने रट रखे हैं; जैसे—क्या सबसे छोटा, बड़ा, विशाल, पुराना आदि है। निस्संदेह केवल तथ्यों पर जोर देना, जो वह अपने स्मार्ट फोन या टैबलेट पर एक सेकंड में देख सकता है, यह सच्ची शिक्षा नहीं है। कोर्स से पहले उद्देश्य होना चाहिए, जिसका अर्थ है कि हर शिक्षा का कोई कारण होना चाहिए।

मूल्य-आधारित शिक्षण

ज्ञान वह प्रक्रिया है, जो बच्चे की संभावना विकास की पूर्णता है, जिसके लिए उनमें शारीरिक, मानसिक, सामाजिक, भावनात्मक और आध्यात्मिक गुण अंतर्निहित करने होंगे। ज्ञान के दो पहलू हैं—इतिहास, भूगोल, गणित जैसे विषयों का अध्ययन करके दुनिया के बारे में तथ्य जानने, जो बच्चे को उसके आसपास के बारे में बताते हैं; जीवन के मूल्य, उद्देश्य और वास्तविक लक्ष्य क्या हैं। उदाहरण के लिए, स्कूल अशोक महान् के बारे में सिखाता है; लेकिन अशोक जिन मूल्यों के लिए जाना जाता था, वे भी उतने ही महत्त्वपूर्ण हैं। हमारी संस्कृति और जीवन पर

अहिंसा के मायने में प्रभाव होना अशोक महान् का सच्चा ज्ञान है। शिक्षा का उद्देश्य केवल तथ्यों को रटना नहीं है, बल्कि ऐसी मूल्य व्यवस्था बनाना है, जिससे बच्चा यह सीख सके कि इन तथ्यों को उद्देश्य के साथ कैसे जोड़ें।

महत्त्व

यह ऐसी प्रक्रिया है, जो बच्चे को सीखने का उद्देश्य सिखाती है।

मूल्य-आधारित शिक्षण के लाभ

- उसके किताबी ज्ञान को व्यावहारिक जीवन के साथ जोड़ें। बच्चे को जुड़ाव और अपनत्व की महानतम अनुभूति अनुभव होगी। इससे अध्ययन में उसकी रुचि बढ़ेगी।
- बच्चे की वास्तविक संभावनाओं को प्रकट करना लक्ष्य होगा। इससे उसका सहज कौशल, मूल्य और गुण विकसित होंगे।
- उसे तथ्यों को ज्यादा अच्छी तरह समझने में मदद मिलेगी, क्योंकि बच्चा तथ्यों को ज्ञात उद्देश्यों से जोड़ रहा होगा।
- उसके संपूर्ण व्यक्तित्व के विकास का लक्ष्य होगा, बजाय इसके कि वह केवल तथ्यों और सिद्धांतों को एकत्रित करने तक सीमित रहे।
- बच्चे को ज्यादा रचनात्मक, कल्पनाशील और मूल विचारक बनने में मदद मिलेगी।

मूल्य-आधारित शिक्षा का विकास

- अभिभावकों को बच्चों से बुनियादी सवाल पूछना चाहिए कि शिक्षा का उद्देश्य क्या है? भूगोल, गणित या इतिहास क्यों पढ़ा जाए? यह विषय उनके सीखने को कैसे प्रभावित करेगा? उदाहरण के लिए, इतिहास पढ़ाते समय अभिभावकों को उन्हें

यह सिखाना चाहिए, जो उन खास घटनाओं से क्या सीखा जा सकता है। युद्ध और अन्य विनाशकारी घटनाओं के पीछे क्या नैतिकता हो सकती है? उनके पाठ्यक्रम में मूल्य-आधारित शिक्षा शामिल करें।

- बच्चे को सिखाएँ कि वह अपने किताबी ज्ञान को अपने जीवन के रोजाना की घटनाओं के साथ कैसे जोड़े? बच्चे को सिखाएँ कि तथ्यों और मूल्य, तथ्यों और झूठ, सच और झूठ के बीच कैसे अंतर करे?
- हमदर्दी, प्रेम, दया, आभार, ईमानदारी आदि जैसे बुनियादी मूल्यों की सूची बनाएँ और उन मूल्यों को चुनें, जो आप बच्चों में अंतर्निहित करना चाहते हैं। बच्चे को बताएँ कि वे मूल्य क्यों महत्त्वपूर्ण हैं।
- बच्चे को सेल्फ-हेल्प पुस्तकें पढ़ने के लिए प्रेरित करें।

□

44

सफलता का मूल्य

'सफलता' दुनिया में सबसे ज्यादा इस्तेमाल होनेवाला और चहेता शब्द है। सब इसे पाना चाहते हैं, लेकिन यह कुछ को ही मिलती है। सफलता का अर्थ अलग अलग लोगों के लिए अलग होता है। सफलता का अर्थ बस, इतना है कि बच्चा जहाँ है, वहाँ से जहाँ पहुँचना चाहता है, पहुँच सके। यह वो जो चाहता है, उसे पाना है। यह मौजूदा स्थिति में बदलाव है, जो हालात, व्यक्ति, स्थान, चीजें, परिस्थितियाँ या घटनाएँ आदि हो सकते हैं। उदाहरण के लिए, एक शिशु के लिए सफलता का अर्थ माता-पिता को मनाकर खिलौना पाना है! बच्चे के लिए सफलता का अर्थ परीक्षा में निश्चित अंक पाना है! एक छात्र के लिए यह आई.आई.टी. या मेडिकल प्रवेश परीक्षा पास करना है। वहीं अभिभावकों के लिए इसका अर्थ बच्चे के कॅरियर को स्थायी बनाने में सफल होना है।

आदत

सफलता उसके बीच का अंतराल है, जो हमारे पास है और जो हम चाहते हैं। यह बच्चे को जहाँ हम हैं, वहाँ से जहाँ हम पहुँचना चाहते हैं, वहाँ पहुँचना सिखाना है।

सफल होने के मूल्य का लाभ

- उद्‌देश्यपूर्ण जीवन बच्चे के जीवन का चरम उद्‌देश्य है। यह उद्‌देश्य वह गंतव्य है, जिसे 'सफलता' कहते हैं। सफलता के

मूल्य से ही वह अपना उद्देश्य पा सकेगा।

- उसे विफलता को सँभालना भी सिखाएँ, क्योंकि वह अपने सभी कामों में सफल नहीं हो सकता। सफलता से आत्मविश्वास का जन्म होता है, बच्चे में उपलब्धि की अनुभूति और संतोष आता है।
- बच्चे में आंतरिक सफलता विकसित होती है और साथ-ही-साथ वह जीवन के बहुत से सबक भी सीखता है।
- वह खुद पर केंद्रित रहता है और दूसरों से स्पर्धा करने की जगह अपने आप को सुधारता है।

बच्चे को सफलता की आदत सिखाना

- सफल होने का पहला कदम बच्चे के लिए सफलता को परिभाषित करना है। जैक कैनफील्ड के अनुसार, सफलता के सात पहलू हैं, जो स्वास्थ्य व फिटनेस, बिजनेस, कॅरियर व पेशा, व्यक्तिगत लक्ष्य और आमोद-प्रमोद, मनोरंजन तथा समाज को वापस लौटाने जैसे सामाजिक लक्ष्यों में पर्याप्त सफलता है। अपने बच्चे को विशिष्ट लक्ष्य बनाने दें, जैसे—स्वास्थ्य लक्ष्य, जिसमें वजन कम करना, शरीर का आकार व ऊँचाई आते हैं। स्कूल और कॅरियर लक्ष्यों में, अंक या ग्रेड जो वह पाना चाहता है, वह कैसा कॅरियर अपनाना चाहता है, वह किस स्तर का पद पाना चाहता है आदि। उसे उसके लक्ष्य, जितना संभव हो, उतना विस्तार से लिखने को कहें और यह भी लिखे कि वह इन्हें कब तक हासिल कर लेगा, जैसे मैं 'फिट और स्वस्थ होना चाहता हूँ।' यह अस्पष्ट लक्ष्य है, जबकि 'मैं वर्ष समाप्त होने तक अपना वजन 60 किलो से 55 किलो करना चाहता हूँ' विशिष्ट लक्ष्य है।
- बच्चे को उपर्युक्त सात पहलुओं में से कौन सा सबसे अधिक

प्रेरित करता है? उसे आकर्षित करनेवाले पहलू ही उसकी सफलता के क्षेत्र को परिभाषित करते हैं। वह इनमें से किसी में या सभी में अच्छा हो सकता है। उसकी सफलता इन क्षेत्रों और पहलुओं में प्रगति व सुधार का स्तर है!

- उसे अपने आपको 1 से 10 तक के स्तर पर रैंक करने को कहें। 10 जीवन के इन सभी क्षेत्रों में उच्चतम है। उसे उसकी मौजूदा स्थिति में सातों क्षेत्रों में से प्रत्येक पर 10 में से अंक देने को कहें। उससे पूछें कि वह इन क्षेत्रों में और बेहतर कैसे कर सकता है?
- शुरुआत काफी छोटे और गैर-स्पर्धात्मक क्षेत्र से करें, जैसे बच्चा रोजाना 20 दंड लगा सके।
- उसे बीते कल से स्पर्धा करना तथा आज का दिन बीते कल से बेहतर कैसे हो सकता है, यह सिखाएँ।
- उसके रोज सोने से बीस मिनट पहले पूछें कि वह जीवन में क्या करना चाहता है? उससे बार-बार पूछते रहें। उससे पूछें कि उसका रोल मॉडल कौन है? उसे अपने रोल मॉडल की कौन सी विशेषताएँ पसंद हैं? वह उनके जैसा कैसे बन सकता है?

□

45

ईमानदारी की आदत

अगर ईमानदारी सर्वोत्तम नीति है तो क्या यह जीवन का हिस्सा नहीं होनी चाहिए, जिससे यह गौण स्वभाव बन जाए और जीवन भर हमारे साथ रहे? ईमानदारी ऐसा मूल्य है, जिस पर बात सबसे ज्यादा होती है, लेकिन इस्तेमाल शायद ही कभी होता है। बच्चों में यह गुण अंतर्निहित होना ही चाहिए, जिससे यह इनकी आदत बन जाए। यह इष्ट मूल्य है और जब तक अभिभावक खुद इस पर बच्चे के साथ चर्चा नहीं करते, वह इसे कभी नहीं सीख सकेगा।

ईमानदारी

यह ऐसा मूल्य है, जो बच्चे को अपने आपसे सच्चा होना सिखाता है, ताकि वह दुनिया के साथ भी सच्चा रहे।

ईमानदारी के लाभ

- ईमानदारी का मूल्य चरित्र और नैतिक मूल्यों का आधार है। यह बच्चे को अपने आपसे तथा साथ-ही-साथ परिवार, दोस्तों एवं राष्ट्र के साथ भी सच्चा बनाता है।
- बच्चा अपने आप को ज्यादा बेहतर ढंग से पहचान पाता है।
- बच्चा विश्वसनीय, उम्मीद पर खरा और भरोसेमंद बनता है।
- इससे उसमें पारिवारिक मूल्य बेहतर विकसित होता है तथा वह

जीवन में लघु-आवधिक लाभ से बच पाता है।

- यह मूल्य न होना बच्चे का चरित्र बिगाड़कर उसे गैर-भरोसेमंद बना सकता है, जिस पर विश्वास नहीं किया जा सकता।

बच्चे को ईमानदारी सिखाना

- ईमानदारी की शुरुआत झूठ न बोलने जैसी छोटी सी क्रिया से आरंभ होती है। उदाहरण के लिए, लोकप्रिय कविता 'जॉनी, जॉनी, यस पापा', में जॉनी चीनी खाने के बारे में झूठ बोल रहा है और यह कविता दुःखद रूप से 'हा, हा, हा' की दिल्लगी पर समाप्त होती है। बच्चे को बताना चाहिए कि झूठ बोलना गलत है, फिर भले ही यह कितना भी छोटा मामला क्यों न हो! अगर झूठ पकड़ा जाए तो यह उसके लिए शर्मिंदगी और परेशानी का कारण बन सकता है।
- बेईमानी में छोटी-से-छोटी क्रिया आती है, जैसे छोटे झूठ बोलना, परीक्षाओं में नकल, कमजोर छात्रों के बारे में गपबाजी आदि। कई बार बहुत छोटे बच्चे मासूमियत में पाने की इच्छा से दूसरे बच्चों के, पेन, पेंसिल, रबड़, स्केल आदि जैसी चीजें चुरा लेते हैं, जो देखने में खूबसूरत हों और उनकी अपनी चीजों से अलग दिखती हों। अगर अभिभावक उन्हें ऐसा करते देखें तो उन्हें समझाएँ और ईमानदारी के वास्तविक मूल्य सिखाएँ।
- अनेक बार बच्चा सच में फेर-बदल कर देता है। सजा के डर से आंशिक रूप से तथ्य प्रकट करता है, जैसे कि बड़ी उम्र के बच्चे परीक्षा में मिले अंक छिपाते हैं, खासतौर पर जब वे काफी कम हों। अभिभावकों को बच्चे को बिना सजा से डर सच को स्वीकार करने के लिए प्रोत्साहित करना होगा।
- झूठ दरअसल झूठ ही होता है और हमें इसे लेकर, खासतौर पर बच्चों के सामने, विशेष रूप से सावधान रहना चाहिए। इसका आम उदाहरण है कि जब अभिभावक फोन नहीं सुनना चाहते तो वे बच्चे

से झूठ बोलने के लिए कहते हैं कि वे व्यस्त हैं या घर पर नहीं हैं या बाहर गए हैं और फोन घर पर ही रह गया। ये छोटे झूठ अहानिकर प्रतीत होते हैं, लेकिन दरअसल ये बेईमानी को प्रोत्साहित करते हैं।

[illegible]ों और क्रियाओं से सत्य बोलना महत्त्वपूर्ण है। [illegible]क बच्चों के रोल मॉडल होते हैं। उन्हें विशेष रूप से सावधान रहना चाहिए और कोशिश करें कि झूठ न बोलें।

- वे इसका कारण तलाशने का प्रयास करते हैं और कहते हैं, 'अगर पापा/मम्मी झूठ बोल सकते हैं तो हम भी बोल सकते हैं।' इसके अलावा, अभिभावकों को बच्चों के सामने तथा अन्यथा भी दूसरों के बारे में बुरा बोलना या झूठी खबरें या अफवाह नहीं फैलानी चाहिए। बच्चे अपने अभिभावकों की ही नकल करते हैं।
- बच्चे को सच बोलने पर पुरस्कार दें। सत्य चाहे जितना भी कड़वा हो, यह ईमानदारी को बढ़ानेवाला और अरुचिकर प्रतिक्रियाओं को हतोत्साहित करनेवाला होता है।
- गलती और बेईमानी के बीच फर्क करें। अनजाने में हुई गलती माफी योग्य है, लेकिन अभिभावकों को यह सुनिश्चित करना चाहिए कि वह गलती फिर से न दोहराई जाएगी। बेईमानी सजा की पात्र है; हालाँकि यह कठोर नहीं होना चाहिए, वरना बच्चा ऐसे अप्रिय प्रसंगों से बचने के लिए झूठ बोलने को ही बचाव समझेगा।
- बच्चों को नैतिक कहानियाँ सुनाएँ। उन्हें ईमानदारी व बेईमानी के लघु एवं दीर्घावधिक लाभ-हानि बताएँ। आज बहुत से स्कूलों में नीतिशास्त्र और नैतिक मूल्यों के बारे में महान् नेताओं के जीवन उदाहरणों सहित निर्देश दिए जाते हैं तथा छात्रों को इस बारे में बताया जाता है, जिससे वे ईमानदारी की अवधारणा को समझ सकें। □

46

सबके साथ बाँटने की आदत

'मित्र वही, जो मुसीबत में काम आए' बताता है कि 'दूसरों की मदद' बुनियादी मानवीय मूल्य है। अगर हम किसी की परवाह करते हैं तो जाहिर है, हम उसके साथ कुछ बाँटना भी चाहेंगे वह एक विचार, राय या भौतिक लाभ भी हो सकता है। हमने पढ़ा ही होगा—'बाँटना ही परवाह करना है', जिसका बस, इतना सा मतलब है कि जब कोई बच्चा दूसरों के साथ कुछ साझा करता है तो यह परवाह करना भी है। इस दुनिया को खूबसूरत बनाने के लिए अपने साथी मानव की सहायता करना व उनकी भावना समझना आवश्यक है।

आदत

बाँटने की आदत बच्चे का अपने में अंश देना है।

बाँटने के लाभ

- बच्चा ज्यादा सहानुभूतिशील व दयालु होता है, क्योंकि वह दूसरों की समस्याओं को बिना सचमुच उनका सामना किए समस्या या हालात के बारे में सीख रहा है।
- दूसरों की मदद में प्रतिदान का आंतरिक तत्त्व भी होता है। अगर हमारा बच्चा किसी की मदद करता है तो उसे भी दूसरों से मदद मिलती है।
- बच्चा जिम्मेदार और ग्राह्य हो जाता है।

- बच्चा खुश, सकारात्मक और संतुष्ट रहता है।
- अकेलापन दूर होगा और हमारा सामाजिक जीवन बढ़ेगा, जो शोध के अनुसार, उम्र लंबी करने में भी सहायक होता है।

बाँटने की आदत बनाना

- बच्चे में यह आदत विकसित करने का सबसे अच्छा तरीका सबकी जरूरत में काम आनेवाला दोस्त बनना है। मान लीजिए, हम गरीब हैं और हमारे पास सर्दियों में पहनने के लिए गरम कपड़े नहीं हैं तो हमें कैसा महसूस होगा? उससे इस पर जवाब लेकर उसकी प्रतिक्रिया को जानें। अगर वह कहे कि वह अपनी सबसे अच्छी जैकेट दे देगा, क्योंकि गरीब बच्चे को इसकी ज्यादा जरूरत है, तो हमें उसकी इस प्रतिक्रिया को प्रोत्साहित करना होगा तथा हम उस पर गर्व कर सकते हैं कि बच्चे में उचित मूल्य अंतर्निहित हुआ है।
- बच्चे को भलाई का काम करना सिखाएँ, जैसे किसी वृद्ध की सड़क पार करने में मदद करना, अपनी पुस्तकें और गेम्स दोस्तों को उधार देना, किसी अजनबी को हँसाएँ एवं धन्यवाद दें।
- बच्चे को किसी के द्वारा भलाई करने पर 'धन्यवाद' कहना सिखाएँ।
- खुद रोल-मॉडल बनें। रोजाना एक भलाई का काम करें। इसे देखकर बच्चे में स्वत: ही यह आदत अंतर्निहित हो जाएगी।
- बच्चे की दिनचर्या में भलाई को समाविष्ट करें। हम जब भी अपने बच्चे को कुछ बाँटते देखें तो उसके उस कार्य की सराहना करें।
- दूसरे के साथ बाँटने के बारे में सबको बताएँ। मान लीजिए, बच्चे के किसी दोस्त ने उसे पुस्तक दी है तो उसके दोस्त के इस कार्य की प्रशंसा करें।

□

47

करुणा का मूल्य

बच्चों के लिए एक और अत्यधिक महत्त्वपूर्ण गुण करुणा है। करुणा का अर्थ—परवाह, ध्यान रखना, चिंता और नेकी है। गहन स्तर पर करुणा को सहानुभूति या समानुभूति भी कह सकते हैं। सहानुभूति का अर्थ है—दूसरों की पीड़ा और समस्याओं की परवाह करना। समानुभूति का अर्थ दूसरों की समस्याओं को कल्पना द्वारा समझना है। यह दूसरों की जगह खुद को रखकर देखने की अनुभूति है। शिक्षित करने, परवरिश, पेशे आदि में बुद्धिमत्ता कारक या लब्धि से प्रमुख इच्छित गुण भावनात्मक लब्धि है। समाज के दबाव एवं माँगें चरम पर हैं और यदि बच्चा करुणापूर्ण और उदार हृदयवाला हो तो वह बड़ा होकर दयालु, परवाह करनेवाला और अच्छा मनुष्य हो सकता है।

आदत

करुणा का अर्थ दयालु, परवाह करनेवाला और समझदार होना है।

करुणा के मूल्य के लाभ

- बच्चा दयालु, विचारशील और समझदार बनता है।
- उसे सकारात्मक तरीके से दूसरे का नजरिया समझने में मदद मिलती है।
- उसमें दूसरों को देने, मदद करने और परवाह करने का पोषण होता है।

- बच्चे में सकारात्मकता जन्म लेती है और वह अपने दोस्तों व साथियों को कंधे का सहारा देने का स्रोत बन जाता है।
- वह अच्छा श्रोता बनता है और उसमें सामाजिकता का कौशल विकसित होने में मदद मिलती है।
- वह ज्यादा दोस्त और प्रभाव बनाता है।
- बच्चे को ज्यादा खुश रहने और खुशियाँ फैलाने में सहायक होता है।

करुणा का मूल्य कैसे विकसित करें

- एक तरीका सामान्य विशेषताओं पर संवाद व अभ्यास करना है। मनुष्यों में मनुष्य होने के कारण विशिष्ट सामान्य अनुभूतियाँ होती हैं। हर मनुष्य व्यक्तिगत चोट, अपमान, नौकरी में असफलता, वित्तीय, किसी प्रियजन की मृत्यु, प्रियजन से अलग होना आदि की पीड़ा से गुजरता है। बच्चे को इस पीड़ित की भूमिका निभाने को कहें, तभी वह पीड़ित की हालत को समझ सकता है।
- उन लोगों के प्रति भी करुणा रखें, जो हमारे साथ बुरा व्यवहार करें या दुर्व्यवहार करें। उनसे बदला लेने की जगह बच्चे को उनसे अलग होकर नकारात्मकता या क्रोध की अनुभूति से दूर होना सिखाएँ।
- बच्चे को दोहराने को कहें, 'मैं खुश हूँ और मेरी अनुभूतियाँ मेरे नियंत्रण में हैं', 'मेरी तरह बाकी सब भी खुशियों को तलाश रहे हैं, कष्टों का सामना करते हैं, जीवन के विभिन्न चरणों में जाते हैं; मैं अपने आसपास के लोगों की पीड़ाओं के प्रति करुणापूर्ण हूँ; मुझे उनके दुःख, मृत्यु, दर्द और पीड़ाओं से हमदर्दी है, जैसे वे मेरे ही साथ हो रही हों; मैं अपने आसपास

के जरूरतमंद लोगों की बात सुनकर उनसे सहानुभूति व समानुभूति रख सकता हूँ; मैं अपने दोस्तों और सहपाठियों को सिखाऊँगा कि दूसरों के प्रति करुणापूर्ण होना महत्त्वपूर्ण है, क्योंकि हम नहीं जानते कि अब अगली बारी किसकी होगी? ऐसी कठनाई किसी पर भी आ सकती है।'

□

48

साहस का मूल्य

अभिभावकों को अपने बच्चे में साहस का मूल्य अवश्य अंतर्निहित करवाना चाहिए। हम ऐसे किसी भी कार्य को साहस कहते हैं, जो करना मुश्किल हो, फिर भले ही उसमें कितने भी डर और कितने भी जोखिम का सामना करना पड़े। साहस बच्चे की वास्तविक संभावनाओं का विकास या वृद्धि कर सकता है। साहस केवल भौतिक ही नहीं होता, बल्कि यह मानसिक और भावनात्मक भी होता है। इसके लिए अपनी आरामदेह स्थिति से बाहर निकलना होता है और खुद को भय से दूर करना होता है। उदाहरण के लिए, अलग तरह का खाना आजमाना, अपने मन की बात बोलना, अवास्तविक जुनून या शौक का पालन करना, किसी दोस्त का पक्ष लेना आदि।

साहस का मूल्य

यह बच्चे को कुछ कठिन, लेकिन साहसिक करने की आदत सिखाना है।

साहस के मूल्य का लाभ

- बच्चे को साहसी और आत्मविश्वासी बनाना।
- बच्चे को जोखिम लेनेवाला बनाता है, क्योंकि इससे जीवन में सफलता और विफलता को अनुभव करने में मदद मिलती है।
- उसे अपने डर और असुरक्षा पर काबू करने में मदद मिलती है।

- उसे प्रभावी ढंग से बात करने में सहायता मिलती है और वह अपने विचारों, अनुभूतियों और भावनाओं को निर्भय होकर व्यक्त कर पाता है।
- वह दूसरे के पक्ष में खड़ा हो पाता है।

साहस की आदत विकसित करना

- बच्चे को छोटे साहसिक फैसले लेने तथा उपयुक्त जोखिम लेने को कहें और प्रोत्साहित करें। खासकर तब, जब उसकी रक्षा के लिए अभिभावक पास ही हों, जो संभावित विफलताओं के लिए सुरक्षा सहायता दे सकें।
- बच्चे के साहसिक काम करने पर उसकी प्रशंसा करें। उसके पक्ष में खड़े हों, क्योंकि उसने उसमें शामिल जोखिम को काबू किया है।
- बच्चे को उसकी आरामदेह स्थिति से बाहर निकलकर सुरक्षित रूप से काम करने की चुनौती मिलती है, खासकर उसके पसंदीदा कॅरियर में इससे उसे अनजाने रास्ते तलाशने के लिए प्रोत्साहन भी मिलता है।
- उदाहरण बनें, जिससे आपके बच्चे आपके साहसिक कार्यों और फैसलों का अनुसरण कर सकें। अगर आप अपने बच्चे को बहादुर बनाना चाहते हैं तो पहले आप को खुद बहादुर बनना होगा।
- बच्चे को वीरता की कहानियाँ सुनाकर साहस की शिक्षा दें। शिवाजी की माता जीजाबाई उन्हें इतिहास में अपना नाम दर्ज करवानेवाले बहुत से लोगों के वीरतापूर्ण कार्यों की कहानियाँ सुनाती थीं। इससे शिवाजी को साहसिक नजरिया और मानसिक शक्ति विकसित करने तथा भावनात्मक तैयारी करने में मदद मिली। बच्चे को भूमिका निभाकर सीखने दें। इसमें वह रानी

लक्ष्मीबाई, पृथ्वीराज चौहान एवं महाराजा रणजीत सिंह के जीवन–चरित्र का अनुसरण कर सकता है। एक और तरीका बच्चे को ऐसे लोगों के जीवनियों पर बनी फिल्में दिखाना है, जिससे वे बीते समय के वीर योद्धाओं का अनुसरण कर सके।

- बच्चे को स्कूल में एन.सी.सी. में शामिल होने के लिए प्रोत्साहित करें।

□

49

हास्य-संवाद की आदत

'हँसी सबसे अच्छी दवा है'। यह 'रोज सेब खाओ, डॉक्टर को दूर भगाओ' से भी ज्यादा प्रभावकारी है। अत्यंत कठिन परिस्थितियों में भी चीजों को हलके में लेना और मजाक का मूल्य समझना अपनाने के लिए अच्छी आदत है। मजाक करना एक आकर्षक गुण है और बच्चों को हँसने तथा दूसरों को हँसाने के लिए प्रेरित करना चाहिए। चिकित्सा शोध बताते हैं कि मजाक या हँसना जीवन से तनाव दूर करने की सबसे बेहतरीन थैरेपी है। हास्य इतना महत्त्वपूर्ण है कि भारत में योग की एक शाखा को 'हास्य योग' के नाम से जाना जाता है। लोग अपने घर में 'लाफिंग बुद्धा' लगाते हैं, जिससे घर में सकारात्मकता बनी रहे। भारतीय टेलीविजन के सबसे ज्यादा देखे जानेवाले कार्यक्रमों में '**द लाफ्टर चैलेंज**' भी शामिल है।

आदत

इस आदत में चीजों को हलके में लेकर जीवन को खुशनुमा बनाना है।

लाभ

- इससे बच्चे को खराब मन:स्थिति से लड़ने में मदद मिलती है। इससे बच्चा सकारात्मक रहता है।
- बच्चा तनाव-मुक्त रहता है, जिससे वह जीवन में परेशान करनेवाली घटनाओं को भी हलके में लेता है। इससे वह रोग-मुक्त रहता है और उसकी जीवन-शक्ति बढ़ती है।
- आयुर्वेद के अनुसार, व्यक्ति अपने विचारों से सबसे ज्यादा

प्रभावित होता है। अत: यदि हास्य जीवन जीने का आधार बन जाए तो बच्चा हमेशा खुश, स्वस्थ और जीवंत रहेगा।

- बच्चा ज्यादा रचनात्मक रहेगा और बौद्धिक तत्परता विकसित करेगा, क्योंकि वह आम घटनाओं में हास्य उत्पन्न करने का प्रयास कर रहा है।
- उसमें सकारात्मकता आएगी तथा वह अपने आसपास भी सकारात्मकता फैलाएगा। इससे उत्पादकता के साथ-साथ बच्चे की ग्राह्य शक्ति भी बढ़ेगी।
- सीखने और याद रखने में मदद मिलेगी, क्योंकि बच्चा वही चीज सबसे अच्छी तरह याद रख सकता है, जो उसे हैरान या आश्चर्यचकित करती हो।
- वह अधिक सामाजिक होता है, इसलिए उसके दोस्त भी अधिक बनते हैं।

इस आदत का विकास

- बच्चे को प्रति सप्ताह एक चुटकुला पढ़ने और याद करने के लिए कहें। उसे पढ़ने के लिए चुटकुलों की पुस्तक दें। इस तरह वह साल भर में 52 चुटकुले सीख जाएगा, जिन्हें वह कभी भी सुना सकता है।
- उसे हर अवस्था के लिए चुटकुला लिखने को कहें तथा उन्हें किसी भी अवस्था में सकारात्मकता तलाशने को कहें। उसे दूसरों में मजेदार गुण तलाशने को कहें।
- उसे उसकी पढ़ाई भी हँसमुख अंदाज में करवाएँ।
- खुद मजाकिया बनकर उसके लिए उदाहरण बनें, जिससे आपका बच्चा आपसे सीख सके।

□

50

रिश्वत की जगह पुरस्कार देने का मूल्य

पालन-पोषण में दो सबसे ज्यादा इस्तेमाल होनेवाले हथियार हैं—'रिश्वत' और 'पुरस्कार'। अभिभावक अनजाने में ही अपने बच्चों में जो सबसे आम आदत बना देते हैं, वह रिश्वत देने की आदत है। रिश्वत का मतलब है—बच्चे को, जो वो माँगे, वह देना, ताकि बदले में वो वह करे, जो अभिभावक उससे करवाना चाहते हैं। रिश्वत और पुरस्कार के बीच काफी सूक्ष्म, लेकिन मात्रात्मक अंतर है। रिश्वत नकारात्मक कदम है, जो अभिभावक निराशा में उठाते हैं, जिसका आमतौर पर लक्ष्य बच्चे को बुरा व्यवहार करने से रोकना होता है। यह लघु-आवधिक कदम है, जिसका अभिभावकों को फौरन लाभ होता है और बच्चे में भी आनंद का भाव आता है। वहीं दूसरी ओर, पुरस्कार एक सकारात्मक कदम है, जिसका लक्ष्य बच्चा जो कर रहा है, उसका प्रोत्साहन होता है, जिसके दीर्घावधिक लाभ हैं। उदाहरण के लिए, अगर बच्चा जोर दे कि वह खाना तभी खाएगा, जब उसे मोबाइल मिलेगा और अभिभावक मान जाएँ तो यह रिश्वत है। वहीं दूसरी ओर, पुरस्कार वह है, जो उसे स्वस्थ भोजन करने के एवज में मिठाई के तौर पर दिया जाए।

रिश्वत पर पुरस्कार का महत्त्व

बच्चे के अच्छे व्यवहार के प्रोत्साहन हेतु उसे पुरस्कार देने की सिफारिश की जाती है, बजाय इसके कि उसकी माँगों के आगे घुटने टेक दिए जाएँ।

रिश्वत की जगह पुरस्कार के लाभ

रिश्वत से नकारात्मक भाव जन्म लेते हैं और बच्चा अपने आप को ताकतवर समझने लगता है; जबकि पुरस्कार से बच्चा गौरवान्वित होता है कि उसने कुछ अर्जित किया है। रिश्वत से बच्चे को लगता है कि वह हावी है; जबकि पुरस्कार उसे गर्वित व प्रसन्न करते हैं।

- रिश्वत से बच्चा बिगड़ता है, जबकि पुरस्कार उसे भविष्य के लिए तैयार करते हैं। रिश्वत उसे समृद्धि का अहसास तथा अभिभावकों की बात न मानना सिखाती है। यह परवरिश का नकारात्मक हथियार है। पुरस्कार बच्चे के भीतर से सर्वोत्तम को बाहर लाते हैं।
- रिश्वत से बच्चा फौरन संतुष्ट हो जाता है और वह स्वार्थी बनता है। वह अभिभावकों के साथ लेन-देन का रिश्ता बना लेता है। पुरस्कार उन्हें निस्स्वार्थ और प्रेमपूर्ण बनाता है, जो दर्द से लाभ लेने की आदत विकसित कर लेता है। रिश्वत अस्थायी औजार है, जो प्रोत्साहित नहीं करता, बल्कि आग्रह पर काम करता है, वहीं पुरस्कार प्रेरणादायी व स्थायी औजार है।
- रिश्वत 'अगर यह होगा', तभी कार्य पुरा होगा। पुरस्कार 'कुछ करने के बाद' ही होगा।

रिश्वत की जगह पुरस्कार की आदत कैसे विकसित करें

- परवरिश को वस्तु-आधारित की जगह मूल्य-आधारित बनाएँ। परवरिश का मतलब बच्चों को अनुचित आराम देना नहीं, बल्कि उन्हें जिंदगी का मतलब समझाना है। उनके नखरों, भावनात्मक ब्लैकमेल या दबावों के आगे प्रेम व स्नेह या निराशा के कारण विवश न हों।
- अगर बच्चे को यह आदत पहले ही लग गई हो तो रिश्वत देने के छोटे और तुच्छ अवसरों पर उसे 'न' कहना आरंभ करें।

- बच्चे के साथ दीर्घकालिक लाभ और तात्कालिक संतोष के नुकसानों पर विस्तार सहित चर्चा करें।
- पुरस्कार ऐसे दें, जो तात्त्विक हों, जैसे—मूल्य, बच्चे को प्रोत्साहन देकर या उसके सद्गुणों की प्रशंसा करके आदि। अच्छे काम के लिए कोई भौतिक वस्तु देने की जगह प्रशंसा करें। उदाहरण के लिए, अगर बच्चा जिद करे कि वह स्कूल तभी जाएगा, जब उसे मोबाइल मिलेगा और अभिभावक मान जाएँ तो यह रिश्वत है। वहीं दूसरी ओर, पुरस्कार वह है, जहाँ आप उसे परीक्षा में अच्छे अंक लाने पर मोटर साइकिल देते हैं।

□

51

असफलता को सँभालने का मूल्य

एक ऐसी महत्त्वपूर्ण आदत, जिसके बिना बाकी सभी आदतें और मूल्य निष्प्रभावी हैं, वह है अपने बच्चे को असफलता को सँभालने की कला सिखाना। सफल व्यक्ति अनेक सीढ़ियाँ चढ़ता है, विफल होता है, फिर उठता है और सीढ़ियों पर चढ़ने लगता है, जब तक वह असफलता को सँभालने की कला नहीं सीख जाता। ऐसा सफल व्यक्ति ढूँढ़े नहीं मिलेगा, जो कभी असफल न हुआ हो।

असफलता का अर्थ

सरल भाषा में कहें तो असफलता वह बारीक रेखा है, जो किसी भी उम्मीद और उसके परिणामों के बीच होती है। असफलता पूर्ण के साथ ही सापेक्ष भी हो सकती है। मान लीजिए, एक बच्चा परीक्षा में न्यूनतम उत्तीर्ण अंक नहीं पा सका तो उसे असफल कहा जाएगा। वहीं एक अन्य अवस्था में बच्चा 90 प्रतिशत अंकों की उम्मीद कर रहा था और उसे 80 प्रतिशत मिले, तो इसे उसकी खुद की उम्मीद या उसके दोस्त या अव्वल आए व्यक्ति से 10 प्रतिशत असफल माना जाएगा, जिन्होंने उससे ज्यादा अंक पाए हैं। प्रयास और असफलता सफल व्यक्ति के जीवन का हिस्सा हैं।

महत्त्व

यह असफलता का सफलता की तरफ बढ़ा एक कदम भर होने की शिक्षा है।

असफलता सँभालने के मूल्य का लाभ

- बच्चा तनाव और असफलता को सँभालने लायक हो जाता है।
- बच्चा दुनिया का सामना बेहतर ढंग से करने को तैयार होता है।
- वह सफलता और असफलता दोनों को सँभालना सीखकर संतुलित बच्चा बनता है।
- उसका परिणामों से जुड़ाव कम होता है तथा वह कार्य और प्रक्रिया पर अधिक केंद्रित रहता है।
- बच्चे को अवसाद, निराशा या आत्महत्या के चरम कदम जैसी नकारात्मक प्रवृत्तियों से बचाता है।

असफलता सँभालने का मूल्य विकसित करना

- हर व्यक्ति के पास सफल होने से पहले असफल होने की कहानी होती है। बच्चे को अपनी असफलता की कहानी सुनाएँ, जिससे वह इससे उबर सके।
- बच्चे को सिखाएँ कि सफलता और विफलता दोनों ही कथित वास्तविकताएँ हैं। ये एक ही सिक्के के दो पहलू हैं। कोई भी सफलता और असफलता प्रक्रिया के बीच यात्रा किए बिना कहीं नहीं पहुँच सकता।
- अगर वह एक क्षेत्र में असफल रहे तो उसे इसके कारणों की सूची बनाने को कहें। साथ ही, अगर उसका अच्छा परिणाम आए तो उसे इसके कारणों को चरणबद्ध ढंग से जानने और यह तलाशने के लिए कहें कि जिस क्षेत्र में वह असफल हुआ, उसके क्या कारण थे?
- असफलता से यदि बच्चा सबक ले तो वह असफलता नहीं रह जाती। असफलता तब असफलता है, जब वह फिर से उठ खड़े होने में असफल रहे।

- बच्चे को **'कराटे किड'** जैसी अच्छी फिल्में दिखाएँ, जिससे वह असफलता के मूल्य को सीख सके। उसे सिखाएँ कि असफलता अंत नहीं, बल्कि सफलता का साधन बनेगी, भले ही देर से ही सही!
- उसे सेल्फ-हेल्प पुस्तकें पढ़ने को कहें, जिससे वह इष्टतम सफलता पाने में असफलता का मूल्य समझ सके।

□

52

उपहार देने की आदत

(हर दिन अपनी एक चीज देने की आदत)

पुरानी कहावत है—'लेने से अच्छा देना है।' हार्वर्ड विश्वविद्यालय के शोध के अनुसार, किसी को कुछ देने पर आपके चेहरे पर किसी से कुछ लेने से ज्यादा बड़ी मुसकान आती है। उपहार देना व्यक्तिगत विकास की सबसे प्रभावशाली आदतों में से एक है। यह अति सरल, लेकिन अति लाभप्रद आदत है, जिससे बच्चों को जीवन तथा अपनी वस्तुओं, सामग्री, सामान व पदार्थों के प्रति एक बिल्कुल अलग दृष्टिकोण मिलता है।

आदत

इसमें व्यक्ति अपनी चीजों को किसी दूसरे या जिसे उसकी जरूरत हो, उसे उपहार देता है। यह नई चीज या बच्चा जिसे इस्तेमाल कर चुका है, वह उपहार में देना है।

उपहार देने के लाभ

- बच्चा भौतिक चीजों से ज्यादा जुड़ाव नहीं रखता और अकारण स्वामित्व में पड़ने से विरत होता है। इससे बच्चा आंतरिक रूप से खुश व आनंदित रहता है।
- जरूरतमंद को मदद मिलती है और इस तरह बच्चा समाज-सेवा करता है। इससे उसमें त्याग के साथ ही परोपकारिता की दोहरी आदत विकसित होती है।

- बच्चे को अवांछित चीजों की छँटाई कर उनसे मुक्ति पाने में मदद मिलती है। इससे अवसरों पर देने के लिए उपहार खरीदने का खर्च बचता है, चीजों के बेहतर उपयोगकर्ता बनते हैं। बच्चे बेकाम की नहीं, बल्कि काम की चीजें खरीदनेवाले बेहतर खरीदार बनते हैं।

आदत का पोषण

- समृद्ध बच्चों के पास ऐसी बहुत सी चीजें होती हैं, जिनकी उन्हें कोई आवश्यकता नहीं। इन चीजों को जरूरतमंदों को सकारात्मक रुख से उपहार में दिया जा सकता है, जिससे दोनों आनंदित हों।
- बच्चे के सोने से पहले उसे अपनी एक ऐसी चीज चुनने को कहें, जो कुछ भी हो सकती है और उसे बैग में रख दें। इस बैग को 'नेकी का थैला' बनाया जा सकता है। इन चीजों में पेन, कंघा, कमीज, टी-शर्ट, कपड़े, खाली डायरियाँ, पुस्तकें, खिलौने, जूतों की जोड़ी आदि छोटी चीजें तथा साइकिल जैसी बड़ी चीजें हो सकती हैं। एक सप्ताह बाद उसे कोई एक दिन और उन लोगों को चुनने को कहें, जिन्हें वे चीजें उपहार में देनी हैं।
- अनेक अभिभावक यह उपहार देने का कार्य किसी खास दिन करते हैं, जैसे जन्मदिन या त्योहार या नया वर्ष। याद रखिए, रोजाना केवल एक ही चीज चुननी है और एक से ज्यादा चीजें चुनने से बचें, ताकि यह आदत बन सके।

□

53

पेरेंटिंग की कला

मुझे लगता है कि पेरेंटिंग एक कला के साथ-साथ विज्ञान भी है। पालन-पोषण करना बागबानी करने जैसा है। पेरेंटिंग और बागबानी में कई समानताएँ हैं। दोनों के अनुभव रोमांचक सफर की तरह उतार-चढ़ावों से भरपूर होते हैं। एक बागबान बीज बोता है, उसे सींचता है और उसे बढ़ने के लिए सुरक्षित जगह देता है। वह ऐसी पारिस्थितिकी उपलब्ध कराता है, जिसमें पौधा बढ़ सके। माता-पिता के रूप में हम अपने बच्चों में खुद को देखते हैं। कभी-कभी हम बच्चों से अपेक्षा रखते हैं कि वे बड़ों के जैसा व्यवहार करें। बचपन किसी भी बच्चे के जीवन का सबसे दिलचस्प और यादगार दौर होता है। माता-पिता के रूप में हमें उनके बचपन का आनंद उठाना चाहिए। पेरेंटिंग हमारे लिए एक आनंद देनेवाली प्रक्रिया होनी चाहिए। पेरेंटिंग के दस सुनहरे नियम नीचे दिए गए हैं—

बच्चे देखकर सीखते हैं

बच्चे दुनिया के सबसे अच्छे 'कॉपी कैट्स' होते हैं। वे अपने माता-पिता की कॉपी और नकल किसी और से कहीं ज्यादा करते हैं। इस कारण आपके लिए यह समझना जरूरी हो जाता है कि अपने बच्चों के सामने कुछ कहने और करने से पहले आपको सोच-विचार कर लेना चाहिए। आपका घर आपके बच्चे का पहला क्लास-रूम होता है। याद रखें कि आप जो कुछ भी करते हैं, उसे आपके बच्चे देख रहे हैं और उसकी नकल कर रहे हैं। अपने शब्दों और कदमों को बुद्धिमानी से चुनें। बच्चे

आपके उदाहरण को आपकी सलाह से कहीं ज्यादा अपनाएँगे। अपने बच्चों के लिए एक सकारात्मक उदाहरण पेश करें। इसलिए पेरेंटिंग का मतलब अपने बच्चे का रोल मॉडल होना भी है।

स्वभाव बनाम परवरिश

यह एक अंतहीन बहस है कि हमारे बच्चों पर उनके स्वभाव (जींस) का असर होता है या उनकी परवरिश (देखभाल) का। एक विचारधारा कहती है, स्वभाव यानी हमारे जेनेटिक्स से हमारा व्यवहार निर्धारित होता है। हमारी योग्यताएँ और व्यक्तिगत गुण हमारे 'स्वभाव' का परिणाम होते हैं। दूसरी विचारधारा कहती है कि हमारे व्यवहार पर माहौल, परवरिश और सामाजिक व्यवहार का असर पड़ता है। हमारी परवरिश इस प्रकार की जाती है कि हमारा व्यवहार एक खास तरीके का हो। कुछ शोध बताते हैं कि जींस से व्यक्तिगत गुण तय होते हैं। बच्चों में स्वाभाविक रूप से कुछ गुण पहले से ही होते हैं। आपका बच्चा उत्साह से भरपूर है, बुरी तरह निराश या शांत, इसमें जींस बेशक अपनी ही भूमिका निभाते हैं। लेकिन बच्चा बड़ा होकर क्या बनता है, इसमें माता-पिता का भी गहरा प्रभाव पड़ता है। इसलिए हमें उनकी देखभाल और परवरिश इस प्रकार करनी चाहिए कि वे अपने सबसे अच्छे रूप में निखरकर सामने आएँ।

पेरेंटिंग मतलब गुणवान बनाना

इसमें कोई शक नहीं कि बच्चों को तौर-तरीके, शिष्टाचार और विनम्रता की शिक्षा देनी चाहिए, लेकिन पेरेंटिंग का ध्यान मुख्य रूप से उन्हें गुणवान बनाने पर होना चाहिए। किसी बच्चे में यदि सभी तौर-तरीके हैं और जीवन में उसका व्यवहार अच्छा है, लेकिन उसमें ईमानदारी, करुणा, दया, प्रेम और माता-पिता के लिए सम्मान जैसे गुण नहीं हैं, तो उसके जीवन में सबसे जरूरी चीज की कमी है। स्वामी विवेकानंद ने कहा था, 'दर्जी किसी को सज्जन व्यक्ति नहीं बनाता, बल्कि उसका चरित्र उसे सज्जन बनाता है।' किसी बच्चे का चरित्र उसमें मौजूद सभी

गुणों के अतिरिक्त और कुछ नहीं है। ऐसा कहा जाता है कि हमारे विचार से हमारे कर्म प्रेरित होते हैं, कर्म से हमारी आदतें निश्चित होती हैं, हमारी आदतों से हमारे चरित्र का निर्माण होता है और हमारा चरित्र हमारा भाग्य निर्धारित करता है।

यस पेरेंटिंग

माता-पिता के रूप में हम अपने बच्चों से अकसर किसी-न-किसी बात को लेकर 'नहीं' कह देते हैं। क्या मैं दोस्तों के साथ जा सकता हूँ? नहीं। क्या मैं खेलने के बाद होमवर्क कर सकता हूँ? नहीं। 'नहीं' कहकर हम लक्ष्मण रेखा और दायरा खींच देते हैं। लेकिन धीरे-धीरे उनके हर सवाल का जवाब 'ना' होता चला जाता है। यह बार-बार 'नहीं' सुनना बच्चे को परेशान कर देता है। इससे बच्चे का मस्तिष्क 'नहीं' को शोर मानकर खारिज करने लगता है। इसलिए 'ना' से ज्यादा 'हाँ' कहें। इससे माता-पिता और बच्चे का संबंध मजबूत होता है और बच्चे का आत्मविश्वास बढ़ता है। 'हाँ' कहने से आपका कुछ नहीं जाएगा। एक हफ्ते या लगभग उतने समय तक 'हाँ' कहने के अभ्यास को आजमाइए। आप 'यस' कहने के अच्छे नतीजों को देखकर हैरान रह जाएँगे।

रचनात्मकता की तलाश

अगर कोई मुझसे पूछे कि पेरेंटिंग का मुख्य उद्देश्य क्या है? तो मेरा जवाब होगा अपने बच्चे के अनोखेपन की तलाश और उसे बढ़ावा देना। हर बच्चा अलग और अनोखा होता है। हम अपने बच्चे को अनोखा नहीं सबसे अच्छा बनाना चाहते हैं। सबसे अच्छा होने का मतलब होता है, किसी खास क्षेत्र में दूसरों से अच्छा होना; जैसे पढ़ाई, खेल या अन्य किसी क्षेत्र में। अनोखा होने का मतलब होता है कि आप अपने ही जोन में हैं। अनोखापन अपने आप में ही एक क्लास होता है। जब बच्चा अपने जोन में होता है, तो वह अपने भीतर मौजूद रचनात्मकता और क्षमताओं का आनंद ले रहा होता है। हमें यह बात हमेशा याद रखनी चाहिए कि

हर बच्चे में अलग क्षमता, अनोखापन और व्यक्तिगत गुण होते हैं। आप केले के पेड़ पर आम नहीं उगा सकते! पेरेंटिंग का लक्ष्य बच्चे को किसी साँचे का आकार देने या मोड़ने का नहीं होना चाहिए।

उनकी ऊर्जा को राह दिखाना

बच्चे ऊर्जा और उत्साह से भरे होते हैं। उनमें उमंग, कुछ करने की चाह और मौज-मस्ती की भावना उफनती रहती है। अगर आपने उनकी ऊर्जा को, चाहे वह शारीरिक, मानसिक या भावनात्मक हो, यदि सही रास्ते पर नहीं लगाया तो यही ऊर्जा उनमें नकारात्मकता, हताशा और क्रोध भर देगी। बचपन और टीन एज में उन्हें अधिक-से-अधिक गतिविधियों में शामिल होने का अवसर दें। इससे उन्हें जीवन में अपना सही उद्देश्य और पैशन मिलेगा। बड़ा होने के दौरान उन्हें उनकी ऊर्जा को पूरी तरह खर्च कर लेने दीजिए।

हम सब बच्चे हैं

डिक्शनरी के अनुसार, बच्चा एक लड़का या लड़की होती है, जो अब तक वयस्क नहीं हुआ है। हम सभी के भीतर एक बच्चा है, जो उस व्यक्ति के सामने बाहर आ जाता है, जिसके साथ हम सबसे सहज होते हैं। इसलिए पेरेंटिंग आनंददायक, परस्पर संवाद और मौज-मस्ती से भरी होनी चाहिए। इस पुस्तक का उद्देश्य उस खाई को समाप्त करना है, जो बच्चे के बाल-सुलभ व्यवहार और माता-पिता की उनसे वयस्कों जैसे व्यवहार की अपेक्षा के बीच होती है। इस पुस्तक में बताई गई आदतें चलना सीख रहे बच्चे से लेकर पूरी तरह वयस्क हो चुके व्यक्ति पर लागू होती हैं।

अपने झगड़े बेडरूम तक ही रखें

किसी भी परिवार में बहस होती है, अहं टकारते हैं और झगड़े भी होते हैं। लेकिन माता-पिता को याद रखना चाहिए कि वे अपने झगड़े और कहासुनी को बेडरूम तक ही रखें और उन पर वहीं बात करें। बच्चे अपने

माता-पिता के नक्शेकदम पर चलते हैं। अगर माता-पिता एक-दूसरे का सम्मान नहीं करते, तो इसकी पूरी आशंका है कि बच्चे इस गुण को अपना लेंगे। शोध बताते हैं कि बच्चों पर माता-पिता के झगड़ों, उनके रिश्तों के टूटने और उनकी शादियों के नाकाम होने का गहरा असर पड़ता है। इन झगड़ों में माता-पिता जिस हद तक प्रतिक्रिया करते हैं, उससे यह तय होता है कि बच्चों के झगड़े भविष्य में किस हद तक जाएँगे।

अपने बच्चों से सीखें

बच्चों को बड़ा करने से पहले आप खुद बड़े हो जाएँ। जब माता-पिता में अच्छी आदतें होंगी, तभी बच्चों की आदतें भी अच्छी हो सकेंगी। अकसर माँ-बाप बच्चे को उपदेश देते हैं, लेकिन खुद उन पर नहीं चलते। माता-पिता को अपनी उम्र बढ़ाते जाने के बजाय अपने बच्चे के साथ-साथ बड़ा होना चाहिए। साथ-साथ बड़ा होने की इस प्रक्रिया में हमें अपनी आदतें अच्छी बनानी चाहिए और इसमें हम अपने बच्चे से सीख सकते हैं। यह कभी मानकर न चलें कि हमारे बच्चे के पास ऐसा कुछ नहीं, जिससे हम सीख नहीं सकते। बच्चे जीवन का आनंद हमसे कहीं अधिक गहराई से लेते हैं। उनमें उत्साह, मौज-मस्ती, छोटी-छोटी चीजों को लेकर खुशी एवं उत्सुकता होती है और वे इस बात से बेफिक्र रहते हैं कि दूसरे उनके बारे में क्या सोचते हैं। कभी-कभी ऐसा लगता है, जैसे हम अपनी पूरी जिंदगी वही बच्चा बनने की कोशिश में गुजार देते हैं जो हम थे।

जब गलती हो तो स्वीकार करें

माता-पिता अपने बच्चों के रोल मॉडल होते हैं। अगर आपसे कोई गलती हो जाती है, तो बच्चे के पास जाकर उसे स्वीकार करें और उससे सॉरी कहें। इससे उनके सामने एक उदाहरण पेश होगा, जिसे वे जीवन में अपनाएँगे। साथ ही वे बिना किसी डर के आपके सामने खुलकर बात करेंगे और उनका विश्वास आप पर और गहरा होगा। अगर बच्चा आप से कोई सवाल करता है और आपको उसका जवाब मालूम नहीं है, तो

आपको स्वीकार कर लेना चाहिए कि आप उत्तर नहीं जानते। उसे भ्रम में डालने की कोशिश न करें। आज के बच्चों के पास जानकारी हासिल करने के इतने रास्ते हैं, जितने हमारे समय में नहीं थे।

पेरेंटिंग का उद्देश्य बच्चे को उसका सबसे अच्छा वर्जन बनाना है।

□□□